창조적 상상력과 시 창작의 지평
-시 창작 입문서

신기용 저

도서출판 이바구

목 차

제1장 시인이여, 이쯤은 알고 쓰자

1. 시 창작의 출발선은 모방[模倣, imitation] ... 13
2. 창조적 상상력을 펼치자 ... 21
3. 창조적 상상력과 독창성을 품은 글의 예술 ... 29
   — 시와 산문의 경계쯤은 분별하자
4. 시적 상상력의 암살범 한자(漢字) 관념어를 사살하라 ... 36
5. 설명하려는 시는 죽은 시다 ... 46
   — 사족(蛇足)을 달았다면 발표하지 마라
6. 시적 허용과 시인의 의도 ... 57
   — 구두점을 무조건 생략하라고 배웠다면 엉터리다

제2장 현대시조 읽기

1. 현대시조의 형식 실험 1 … 69
   ― 기사형식(記寫形式)
2. 현대시조의 형식 실험 2 … 88
   ― 형태 변형
3. 현대시조의 표현 기교 실험 1 … 104
   ― 시각 서정, 난해 시조, 언어유희
4. 현대시조의 표현 기교 실험 2 … 110
   ― 시작 메모, 문장부호 등
5. 시조의 시간성 읽기 … 114
   ― 시절가의 시절을 읽다

제3장 실험시 읽기

1. 1980년대 해체시 읽기   ... 125
   - 기성품을 중심으로
2. 박남철의 해체시 읽기   ... 132
   - 기성품 모방을 중심으로
3. 황지우 초기 시의 형태적 실험 읽기   ... 143
   - 현실성을 수렴한 회화적 구성
4. 민조시와 풍조시란 무엇인가   ... 162

제4장 짧은 시 읽기

1. 절장시조란 무엇인가   ... 177
   - 시조의 이단형, 하이쿠의 기형
2. 미완의 시 읽기   ... 206
   - 1행시(한 줄 시)의 한계
3. 여백의 미, 단시(짧은 시) 읽기   ... 222

책을 내면서

　필자는 시 창작을 지도할 때 시조 창작부터 진행한 뒤 자유시를 유도한다. 시조는 전통적 운율, 함축성, 풍자성, 현실성 등을 자아내는 데 매우 탁월한 시이기 때문이다.
　이번 원고의 대부분은 출간한 일곱 권의 문학평론집에서 발췌하여 수정 보완하였음을 밝혀 둔다. 제1장은 시인이여, 이쯤은 알고 쓰자, 제2장은 현대시조 읽기, 제3장은 실험시 읽기, 제4장은 짧은 시 읽기로 구성하였다. 시 창작 입문서의 구성이 아닌 듯 보이지만, 꼼꼼히 읽어 보면, 꼭 필요한 내용임을 이해하게 될 것이다.
　표제 『창조적 상상력과 시 창작의 지평』, 부제 '시 창작 입문서'에 걸맞게 원고의 내용을 수정 보완하였으나, 일부는 평설의 경향이 짙다. 그러나 시 창작을 공부하고자 하는 분들에겐 도움이 될 것이다.
　제아무리 어려운 시도 열 번 읽으면 이해의 실마리가 풀리기 마련이다. 올곧은 시인이 되려고 한다면, 이 책뿐만 아니라 독자가 선택한 시 창작 이론서를 열 번 읽겠다는 각오로 덤벼들어야 한다. 열 번 찍어 안 넘어가는 나무가 있을까?

2020년, 도서출판 이바구 편집실에서, 신기용

제1장 시인이여, 이쯤은 알고 쓰자

요즘 시를 보면 대중가요 가사 같은 시가 많다. K-POP 한류와 트로트 열광과 관련이 있을 수도 있다. 분명한 것은 제아무리 아름다운 대중가요 노랫말이라 하더라도 그것은 시일 수는 없다. 물론 시를 가사로 채택하는 사례는 있지만, 그와는 별개의 문제이다.

시 창작 기법은 대중가요 가사 작법과 다르다. 시와 가사는 서로 닮은 점도 있지만, 다른 점도 많다. 예를 들면, 시는 관념어를 배제하는 반면, 가사는 수용한다. 시는 직접 정서(아프다, 슬프다, 기쁘다 등)의 언어를 배제하는 반면, 가사는 직접 정서를 수용한다. 시는 설명을 배제하는 반면, 가사는 수용한다. 시는 함축의 미를 추구하는 반면, 가사는 의미 전달에 치중한다.

대중가요 가수나 노랫말 작가 가운데 시인으로 등단한 사례가 종종 있다. 이들의 시를 읽어 보면, 관념어투성이고, 지나칠 정도로 직접 정서로 표현한다. 노랫말인지 시인지 구분이 안 가는 글에 시라는 이름표를 달기도 한다. 엄격하게 말하면, 시의 자격을 갖추기에는 얼토당토않게 함량 미달인 경우가 많다.

시를 창작할 때 이쯤은 알고 쓰자.

시 창작의 출발선은 모방[模倣, imitation]

모방시 짓기란

'모방시 짓기' 학습은 중학교 교과 과정이다. 이 학습에서는 시 창작이 상당히 고통스럽고 어려운 일이지만, 결코 어렵기만 한 것이 아니라 누구나 창작할 수 있음을 모방시를 통해 친밀감을 조성하고 체험하게 한다. 모방시 짓기는 때로는 패러디 성격이 강해 풍자적이고 해학적이다.

'모방(imitation)'과 패러디[parody]의 차이점은 무엇인가? '모방'은 타 예술가의 작품, 특히 선인의 걸작을 원작으로 삼아 '모작' 혹은 '모사'하는 것이지만, '패러디'는 원작을 차용하면서 변형과 풍자, 혹은 비판 의식을 끌어들인다.

모방시를 짓기 위해 원작을 정해 주지 않으면 많은 학생이 김소월의 「진달래꽃」과 서정주의 「국화 옆에서」를 모방한다. 그 예로 「진달래꽃」 4연 1~2행의 "나 보기가 역겨워/ 가실 때에는"을 "책 보기가 역겨워/ 조실 때에는" 혹은 "시험을 보기가 역겨워/ 눈 감을 때에는" 등으로 우스개로 변주하기도 한다.

또한, "한 송이 국화꽃을 피우기 위해"를 "한 개의 국화빵을 굽기 위해" 혹은 "한 아름 웃음꽃을 피우기 위해" 등으로 변주하기도 한다. 나아가 "소쩍새가 그렇게 울었나 보다"를 "강아지가 그렇게 짖었나 보다" 혹은 "참새가 그렇게 짹짹거렸나 보다" 등으로 우스개화하기도 한다. 이처럼 「진달래꽃」과 「국화 옆에서」는 일상의 우스갯소리의 변주로 흔히 사용하는 것만 보더라도 국민시임을 실감한다.

모방이란

예술 창작에서 원상(原像)을 본뜨는 활동을 말한다. 원상별로는 다음의 3종류로 나뉜다.
(1) 가장 일반적으로는 외적 자연 혹은 현실의 '재현' 혹은 '묘사'를 의미하며 예로부터 회화, 조각, 문예 등의 창작 원리로 말해지고 있다. 그 경우에는 대상을 있는 그대로 재현하는 즉, '사실'을 말하는 입장과 대상의 이상화 혹은 미화의 계기를 포함하는 입장 등이 있다.
(2) '재현'뿐 아니라 널리 정의(情意)·성격 등 내면성(내적 자연)의 모방도 포함하는 경우로, '표현'과 거의 같은 의미로 쓰인다. 이것은 고대 그리스, 특히 아리스토텔레스(Aristoteles, B.C. 384~B.C. 322)의 모방(미메시스, mimesis) 이론에 현저히 보이며, 음악이나 서정시도 모방 예술로 여겨진다.
(3) 타 예술가의 작품, 특히 선인(先人)의 걸작을 모작 혹은 모사하는 것으로 르네상스나 근세에서 고대 그리스 예술 작품의 모방이 추장(推奬)된 것은 그 대표적인 경우이다.

— 《네이버 지식백과》에서

모방시 읽기

　필자가 2007년 《호서문학》 겨울호에 발표한 「아내의 마음」이라는 생활시와 필자의 초등학교 친구 남대우 시인이 '부산감천초등학교 동창회' 카페에 우스개로 게재한 모방시를 소개한다.

　　　눈을 빗뜬
　　　아내
　　　아침상에
　　　재첩국을 내놓았다.

　　　난, 또
　　　거짓말을 했다.

　　　술
　　　끊을게

　　　　　　　　　　　　　 — 신기용, 「아내의 마음」 전문

　　　눈을 빗뜬
　　　아내
　　　아침상에
　　　도라지무침을 올려두었다.

　　　난, 또
　　　거짓말을 했다

　　　담배
　　　끊을게

— 남대우, 모방시「아내의 마음」전문

　원작「아내의 마음」은 필자가 2002년 충청남도 논산에 거주할 때 창작했다. 출근 전 숙취 해소에 좋다는 '올갱이국'을 내놓은 아내의 눈빛을 보고 갑자기 시상이 떠올랐다. 그 눈빛에서 남편을 걱정하는 마음과 토라진 마음이 겹쳐 있음을 읽었다. 소재가 최초에는 '재첩국'이 아니라 '올갱이국'이였다. 그 뒤 고향 부산에 이사 왔다. 이른 아침마다 "재첩국 사이소, 재첩국!"이라는 재첩국 장수 할머니 목소리를 들을 수 있었다. 어릴 적 이른 아침마다 듣던 정겨운 소리라서 살갑게 들렸다. 창문을 열어 놓고 잠을 자는 여름에는 그 목소리 때문에 짜증이 나기도 했다.
　2007년 《호서문학》 겨울호 원고 청탁을 받고 고민했다. 원고를 보내던 날 아침에도 숙취 때문에 '재첩국'을 먹었다. 그 당시에는 '올갱이국'보다는 '재첩국'이 더 정겹게 느껴졌기에 '재첩국'으로 수정했다. 이 시는 생활에서 일어나는 사소한 일을 짧게 시화한 것이지만, 세상의 모든 '아내의 마음'을 대변할 수도 있을 것 같아 시적 가치를 떠나 늘 소중히 여기고 있다. 간혹 술자리에서 낭송해 보기도 한다.
　초등학교 친구 남대우(20여 년 전 신춘문예 최종심까지 올라간 적 있는 내공 소유자, 2020년 등단) 시인이 동창회 카페에서 한 번 웃자고「아내의 마음」을 모방한 시를 재치 있게 게재했다. 원작의 '술' 대신 '담배'로, '재첩국' 대신 '도라지무침'으로 시어를 바꾸어 우스개화했다. 이것이 '모방시'이다. 엄격하게 말하면 해학적 골계미가 넘치므로 '패러디'이다. 그것은 그 친구가 유머 감각이 뛰어나고, 언어의 미학을 잘 알기 때문이다. 이 시를 읽은 동창들이 한바탕 웃을 수 있어 좋았다.

시 창작 교실에서 모방시를 연습할 때 많이 활용하는 동시 한 편을 소개한다.

아가의 새 이불은
꽃사슴 이불.

포근한 햇솜의
꽃사슴 이불.

소록소록 잠든 아가
꿈속에서

꽃사슴 꽃사슴
타고 놀겠지.

— 유경환, 「꽃사슴」 전문

동생의 새 이불은
산토끼 이불.

포근한 햇솜의
산토끼 이불.

소록소록 잠든 동생
꿈속에서

산토끼 산토끼
함께 놀겠지.

— 모방시, 「산토끼」 전문

'꽃사슴'을 '산토끼'로, '아가'를 '동생'으로, '타고'를 '함께'로 대체한 모방시이다.

윤석중(1911~2003) 동시 「먼 길」의 이미지를 모방하여 지면에 발표한 모방 동시를 한 편 소개한다. 부드러운 말로는 동시 「먼 길」의 이미지를 차용한 동시이다.

아기가 잠드는 걸
보고 가려고
아빠는 머리맡에
앉아 계시고,

아빠가 가시는 걸
보고 자려고
아기는 말똥말똥
잠을 안 자고.

— 윤석중, 「먼 길」 전문

「먼 길」은 일제강점기 1940년대에 징용을 가게 된 한 가정의 이야기를 담은 것이라고 윤석중 시인 스스로 밝혔다. 아빠와 아기의 모습에서 헤어짐의 아쉬움이 극대화되어 있다. 이 동시 속에 엄마는 무엇을 하고 있을까? 윤석중 시인은 의도적으로 엄마를 노출시키지 않았다. 엄마의 다양한 모습과 역할을 독자가 상상력을 발휘할 수 있도록 숨겨 놓았다.

「먼 길」의 모티프를 차용하여 인격체가 아닌 '별'과 '풀벌레'로 대체해 놓은 동시가 있다. 2009년 '부산여성 동시인 초대 동시화전' 출품작 중 한 편인 「여름밤」이다.

별님
반짝반짝

풀벌레
찌르찌르

어서 잠들라고
반짝반짝

어서 꿈나라 가라고
찌르찌르

반짝반짝
찌르찌르

서로 재우려다
여름밤 꼬박 세우네.

― 「여름밤」 전문

동시 「여름밤」은 윤석중의 동시 「먼 길」에서의 아빠와 아기의 모습처럼 별님과 풀벌레가 서로 상대가 잠재우려고(잠드는 것을 보려고) 애를 쓴다. 별님은 시각적인 빛으로, 풀벌레는 청각적인 소리로 상대를 잠재우려고 하다가 여름밤을 꼬박 지새운다는 이야기가 담겨 있다.

「여름밤」은 의도적으로 윤석중의 「먼 길」의 모티프를 차용했을 가능성이 있다. 초등학교 교과 과정에서 이 동시가 차지하는 비중이 크다.

모방시는 습작기에 아주 기초적이고 초보적인 단계에서 행한다. 이를 명심해야 한다. 이런 모방시를 지면에 발표하는 순간 시인으로서의 생명은 거기까지임을 명심하자.

창조적 상상력을 펼치자

시인이여, 살아 꿈틀대는 시를 쓰자!
시인은 '창조적 상상력'을 능동적으로 발휘해야 한다. 시인이 '창조적 상상력'의 위력을 회피한다면 죽은 시만 쓰게 될 것이다. 시란 유기체와 같은 생명력을 지니고 있다. 끊임없는 생명력으로 꿈틀댄다.
'진실'은 변하지 않는다. 하지만 '진리'는 변한다. 현대의 시적 진리의 축은 '상상력'이다. 상상력이 진리의 축을 이루고 있는 시대에 살면서 왜 많은 시인은 케케묵은 '주술적 영감'이나 '무의식'을 옹호할까?
이들은 등단 이전이든 이후이든 이론으로 무장을 하지 않았을 가능성이 농후하다. 지금의 진리의 축은 '무의식'도 '이성'도 아닌 '상상력'으로 이동했다. 즉, 현대 시적 진리의 축은 '상상력 이론'이다.
고대로부터 현재까지의 주요 상상력 이론의 변화 과정을 간략히 살펴본다.

플라톤(Plato)은 상상력(상상계)을 거부하고 배척했다. 더 정확히 말하면 상상력을 증오했다. 상상계는 이데아로부터 멀리 떨어져 있다고 봤다. 플라톤은 소크라테스의 말을 빌려 "정신의 다른 영역은 우리를 고뇌와 추억과 슬픔으로 이끌어 가는데 이 영역은 불합리하고 무익하며 또한 비겁하기 짝이 없"고, "모방가인 시인은 인간의 정신 속에 고약한 습관을 심어 놓"는다고 하면서 "그림자의 제작자이며 진리에서 멀리 떨어져 있"[1]다고 했다. 플라톤의 상상력은 '모방론'과 '시인 추방론'과 밀접한 관련이 있다. 상상력을 이데아로부터 멀리 떨어져 있는 주술적인 능력이라고 봤고, 시인은 국민들을 현혹하므로 추방시켜야 할 존재로 봤다.

아리스토텔레스(Aristoteles)는 상상력을 "감각과도 다르고, 추론적 사고와도 다른 능력"이라고 봤다. "상상은 감각 없이 발생하지 않으며, 상상 없이는 신념이 발생하지 않는다."[2](427b)고 했다.

임마누엘 칸트(Immanuel Kant)는 상상력을 공상(空想)과 다르다고 봤다. 감성과 지성의 중간쯤에서 지성에 이르는 통로를 여는 능력이라고 봤다. 상상력(구상력)이란 "직관의 다양을 하나의 형상(形象)으로 종합하"[3]는 능력(A120), "대상이 직관 속에 현존하지 않더라도 이것을 표상하는 능력이"[4](B151)라고 했다. 상상력을 수동적인 '재생적 상상력'과 능동적이고 적극적인 의미를 지닌 '산출적(생산적) 상상력'으로 구분했다. 특히 '산출적 상상력'을 '초월론적 상상력'이라고 봤다.

새뮤얼 테일러 코울리지(Samuel Tayor Coleridge)는 '일차적 상상력'과 '이차적 상상력'으로 구분했다. '코울리지의 상상력'의 '일차적 상상력'은 작가가 '보는 것을 창조'한다는 의미이므로 칸트의 '재생

---

1) 플라톤, 『플라톤의 국가론』, 최현 옮김, 집문당, 1990, 420-421쪽.
2) 아리스토텔레스, 『영혼에 관하여』, 유원기 역주, 궁리, 2001, 210-211쪽.
3) 칸트, 『순수이성비판』, 전원배 역, 삼성출판사, 1982, 141쪽.
4) 위의 책, 156쪽.

적 상상력'과 비슷하고, '이차적 상상력'은 '예술적 창조'라는 의미이므로 칸트의 '산출적 상상력'과 비슷하다.

장 폴 사르트르(Jean Paul Sartre)는 상상력 연구의 전기(轉機)를 이루었다. 그는 상상력을 '인간의 자유', 혹은 '인간 의식의 자유를 확보해 주는 작용'이라고 봤다. 하지만 상상력의 특질을 무(無)라고 평가하면서 '정신분열증 환자나 바라는 것'이라고 평가 절하했다.

이성 시대 명제 : "나는 생각한다. 고로 나는 존재한다."
↓
상상 시대 명제 : "나는 상상한다. 고로 나는 존재한다."

가스통 바슐라르(Gaston Bachelard)는 "스스로 '상상력에 대한 코페르니쿠스적 혁명'이라고 자칭"5)했다. 그의 주장처럼 코페르니쿠스적 변혁을 이룬 획기적인 이론이다. 데카르트의 합리주의 명제인 "나는 생각한다. 고로 나는 존재한다."가 바슐라르의 상상력 4원소론 이후에는 "나는 상상한다. 고로 나는 존재한다."로 바뀌었다. 17세기에 등장한 데카르트의 합리주의(이성 중심의 로고스 중심주의)가 20세기 이후에는 이미지와 상상력 중심의 이미지 중심주의로 전환했다.

가스통 바슐라르와 함께 질베르 뒤랑(Gilbert Durand)은 이미지와 상징이 원형과 밀접한 관련 속에 존재함을 밝혔다. 이미지가 단순한 기호적 측면을 넘어 상징적 측면을 지니고 있다고 봤다.

신화적 상상력이란 '원초적으로 이어 온 유전적인 인간의 심리 형태'와 깊은 연관이 있다. 이를 프로이트는 '고대의 잔존물', 칼 융은

---

5) 이해방 · 진형준 공저, 『상상력과 문학』, 한국방송통신대학교출판부, 2010, 108쪽.

'원형' 혹은 '원시 심상', 가스통 바슐라르는 '원형적 상상력'이라는 용어로 설명했다.

프로이트(Sigmund Freud)의 고대의 잔존물

'고대의 잔존물'은 '개인적 무의식'과 밀접한 관련이 있다. '개인적 무의식설'은 19세기 말부터 20세기 초에는 획기적인 이론이었고, 현재까지도 지대한 영향을 미치고 있다.

시에 있어 영감설은 '주술적 영감설', '천재설', '무의식설'로 구분할 수 있다. 프로이트 이후 정신분석학 측면에서 '무의식설'에 무게를 두었다. "프로이트는 시적 표현을 억압된 심리, 곧 노이로제의 표현, 병적 흔적이라고 보았"6)다. '무의식설'은 정신적 자유와 미적 구현이라는 측면에서 한계를 드러냈다.

작가들은 표절 의혹을 받을 때 '무의식적 영감'을 내세워 핑계를 대며 자기 방어기제를 작동한다. 표절 의혹을 강력하게 부인하거나 오리발 내밀 때 써먹는 근원적 용어다. 시상 포착 단계에서 무의식을 완전히 부정할 사람은 거의 없을 것이다. 그러나 이성적 사유와 상상력 측면에서 무의식을 긍정할 수도 없는 문제다.

시는 퇴고, 교정, 편집, 인쇄에 이르는 과정을 거치면서 의식 작용이 절대적으로 개입한다. 그렇다면 시는 무의식 작용이 아니라 의식 작용이 지배적이다.

---

6) 이상섭, 『문학비평 용어사전』, 민음사, 2001(개정판), 246쪽.

융(Carl Gustav Jung)의 원형 혹은 원시 심상

칼 융은 프로이트의 '개인적 무의식설'을 성적인 응고된 상징, 즉 기호에 지나지 않는다고 비판하면서 심층심리학 측면에서 '집단 무의식설'을 내세웠다. '원형'이라는 용어로 설명했다. '원형'은 신화 혹은 신화적이라는 말이다. '원형 비평'이 융의 이론에 근거한 '신화적 비평'이다.

프로이트의 '개인적 무의식설'에 반기를 든 융 학파는 무의식적 "시적 영감은 개인의 밖에서, 즉 집단정신에서 온다고"[7] 봤다. 시란 인류 공통의 거대한 꿈(신화)이 시인이라는 한 개인을 통해 표현된다고 주장했다.

시상을 포착하는 단계에서 무의식 작용이 절대적으로 지배하는 것이 정답이라고 가정한다면, 프로이트의 '개인적 무의식설'보다는 칼 융의 '집단 무의식설'이 더 타당할 것이다. 하지만 이성적 사유를 뛰어넘은 상상력의 시대에 무의식설은 어울리지 않는 말이다. 그렇다고 이들 이론을 배척할 수도 없는 문제다. 때로는 논리적이고 합리적인 부분이 있기 때문이다.

가스통 바슐라르(Gaston Bachelard)의 원형적 상상력

가스통 바슐라르는 "상상력이란 오히려 지각 작용에 의해 받아들이게 된 이미지들을 변형시키는 능력이며, 무엇보다도 애초의 이미지로부

---

7) 위의 책, 246쪽.

터 우리를 해방시키고, 이미지들을 변화시키는 능력"8)이라고 봤다. 그는 칼 융의 '집단 무의식' 중 신화적 원형을 '원형적 상상력'이라는 용어로 설명했다. 바슐라르는 인간의 상상력을 네 가지(① 형태적 상상력, ② 물질적 상상력, ③ 역동적 상상력, ④ 원형적 상상력)로 구분하였다.

또한, '재생적 상상력'과 '창조적 상상력'을 명확히 구분했다. '재생적 상상력'은 지각이나 기억에만 관련된 상상력이고, '창조적 상상력'은 실재나 감각으로부터 자유로운 상상력이라고 했다. '재생적 상상력'이 '창조적 상상력'을 방해한다고 했다.

질베르 뒤랑의 인류학적 상상력

가스통 바슐라르의 제자 질베르 뒤랑은 "기꺼이 자신을 '바슐라르주의자'라고 지칭"했다. "초기부터 스승의 사유에 대해 존경과 비판을 함께 유지해 왔다. 바슐라르 상상력 이론에 대한 뒤랑의 비판의 쟁점은 두 가지로 요약할 수 있다. 초기 비판의 대상은 바슐라르가 세운 이미지 분류 체계, 즉 '4원소론'이며, 이후의 주된 비판은 바슐라르가 형성한 '과학과 시학' 혹은 '이성과 상상력'의 '이원론' 자체를 겨냥"9)했다.

뒤랑은 이미지와 상징에 대한 인류학적 구조를 연구하면서 상상력을 세 구조(① 분열형태 구조, ② 신비 구조, ③ 종합 구조)와 두 체제(①은 이미지의 낮 체제, ②와 ③은 이미지의 밤 체제)로 범주화를 시도했다. 그는 "이미지 분류를 위한 가설로서 인간 동일성의 근거를 탐구한 생물학(더

---

8) 가스통 바슐라르, 『공기와 꿈』, 정영란 옮김, 이학사, 2007, 19-20쪽.
9) 송대현, 『상상력의 위대한 모험가들』, 살림, 2005, 51쪽 참조.

구체적으로는 반사학)의 연구 성과를 좇아갔다."10)

『상상계의 인류학적 구조들』에서 "인류학적 도정이라는 것은 주체적이고 동화(同化)하는 충동들과 우주적이고 사회적인 환경으로부터 나오는 객관적인 요청 간에, 상상적인 것의 위상에서 존재하는 끊임없는 상호 교환 작용이다. (…) 상상적인 것이란 대상의 표현은 주체의 충동적인 요청에 의해서 동화되고 모양을 이루며, 역으로 주체적인 표현들은 주체의, 객체적 환경에 대한 앞선 적응에 의해서 밝혀지는 그러한 도정을 일컬음에 다름 아니다."11)라고 주장했다. 또한, 그는 '1860~2100년까지를 상상력의 세계'라고 규정했다.

필자는 20세기 초에 시적 진리의 축을 담당했던 프로이트의 '개인적 무의식설'에 관해 정신분석학 측면에서 전혀 무시할 수 없는 이론임은 인정하지만, 비평에 있어 대체로 수용하지 않는다. 칼 융의 '집단 무의식설'은 원형 비평 측면에서 상당 부분 신뢰하고 수용한다. 중요한 것은 현대의 시적 진리의 축인 바슐라르와 뒤랑의 '상상력 이론'을 적극 옹호하고 수용한다는 점이다.

시인은 '창조적 상상력'을 발휘해야 시다운 시를 쓸 수 있다. '창조적 상상력'을 방해하는 '재생적 상상력'의 틀에서 벗어나야 '창조적 상상력'을 폭발시킬 수 있다. 그러함에도 '재생적 상상력'에 구속되어 '창조적 상상력'을 촉발시키지 못하는 시인들이 너무나 많다. 지각과 기억의 재생에만 맴도는 '재생적 상상력'이 빚은 시가 홍수처럼 쏟아지고 있다. 이제 많은 시인이 '재생적 상상력'의 틀에서 벗어나기를 진심으로 바란다.

---

10) 위의 책, 60쪽.
11) 이해방·진형준 공저, 앞의 책, 152-153쪽.

표절은 시인이 상상력의 한계에 봉착했을 때 자행하는 행위다. 시란 유기체와 같은 생명력을 지닌 존재임을 망각하지 말고, '창조적 상상력'을 능동적으로 수용하자!

시인이여, '창조적 상상력'을 펼치자!

창조적 상상력과 독창성을 품은 글의 예술
— 시와 산문의 경계쯤은 분별하자

여러 문예지의 시를 읽어 보면, 수준급의 시와 미완의 시가 혼재해 있음을 읽을 수 있다. 즉, 완성도가 높은 시도 있고, 낮은 시도 있다. 시(운문)와 산문의 경계에서 서성이는 시도 제법 있다. 이들 시는 시와 산문의 경계를 제대로 이해하지 못한 상태에서 창작한 것으로 읽히기도 한다. 산문의 문장을 시처럼 보이게끔 그저 행만 갈라놓은 시가 있다는 말이다. 분명한 것은 산문을 행갈이해도 시일 수는 없다.

더 자세히 말하자면, 시인지 일기인지 모호한 시도 있다. 시는 시인의 상상력이 창조해낸 허구의 문학이다. 즉, 시는 자유로운 '창조적 상상력'(칸트나 바슐라르 등은 '재생적 상상력'의 발전적인 개념으로 '창조적 상상력'을 강조했다.)의 소산이다. 사실적 이야기들에 대한 재생적 상상력만으로 빚은 시는 가치가 없다. 가치 있는 시는 창조적 상상력이 빚은 허구일 수밖에 없다. 허구와 사실(진실)의 경계조차 제대로 이해하지 못한 상태에서 창작한 시라면 문제는 심각할 수밖에 없다.

시에 대한 정의는 고대로부터 현대까지 헤아릴 수 없을 만큼 많다. 이것은 정답이 없다는 말과 상통한다. 그렇다고 일기를 시라고 할 수 없듯 정답이 없는 것도 아니다. 시 그 자체가 광대무변한 우주를 품을 수 있을 만큼 무한한 상상력을 빨아들일 수 있는 중력장(블랙홀)과 같은 존재이다. 즉, 시란 만상을 수렴할 수 있을 만큼 큰 그릇의 존재라는 말이다. 그렇다면 시를 '창조적 상상력과 독창성을 품은 글의 예술'이라고 말한다면 무리일까? 이 답을 얻기 위해 모방과 독창성의 경계도 이해할 필요가 있다.

따라서 이 글은 '시와 산문의 경계쯤은 분별하자', '모방과 독창성의 경계쯤은 분별하자'로 구분하여 진행한다.

시와 산문의 경계쯤은 분별하자

시는 허구의 문학이다. 때로는 사실을 가미한 문학이기도 하고, 체험적 진실을 가미한 문학이기도 하다. 그렇다 하더라도 사실의 문학도 아니고, 진실의 문학도 아니다. 팩션(faction)이라는 신조어를 이해할 필요가 있다. 팩트(fact, 사실)와 픽션(fiction, 허구)을 합한 말이다. 최근에는 역사소설뿐만 아니라, 드라마, 영화, 연극 등에서 무한한 상상력을 촉발시키는 원동력을 제공하는 용어이기도 하다.

2016년 개봉한 허진호 감독의 영화 〈덕혜옹주〉가 팩션물이다. 원작인 권비영의 소설 『덕혜옹주』(2009)도 마찬가지이다. 이 영화는 원작을 토대로 하여 더 상상력을 가미했다. 실존 인물인 덕혜옹주의 일대기에 영화적 상상력을 덧붙여 새로운 이야기로 탄생시킨 영화라는 말이다. 대동여지도를 완성한 김정호의 일대기에 상상력을 덧붙인 박범신 소설 『고산자』(2009)나 강우석 감독의 영화 〈고산자, 대동여지도〉(2016)도 팩션물이다.
 시도 때로는 팩션일 수 있다. 역사적 사실의 재생적 상상력을 수렴한 창조적 상상력이 빚은 서사시가 그 예이다. 또한, 개인의 체험적 진실 서사의 재생적 상상력을 수렴한 창조적 상상력이 빚은 시도 팩션일 수 있다. 그렇다고 시가 무한대로 역사소설처럼 늘 팩션을 받아들일 수는 없다. 수필과 같이 오롯이 진실의 문학일 수도 없고, 일기와 같이 자신만의 진실을 기록한 글일 수도 없다.
 수필과 일기에 시라는 이름을 덧붙이고, 시적 의미를 부여하고자 한다면 타당한 일일까? 물론 시보다 더 미려한 문장과 감동을 안겨 주는 수필도 있다. 그러나 산문 정신으로 창작한 진실이 꿈틀거리는 산문의 글인 수필은 수필일 뿐 시일 수는 없다. 일기도 일기일 뿐 시일 수는 없다.
 더 구체적으로 '산문시'와 '일기시(日記詩)'가 존재하지 않느냐고 반문한다면 그 말을 부정할 수는 없다. 하지만 산문시는 수필처럼 사실적 진실만을 말하지 않는다. 시의 본질대로 창조적 상상력이 빚어낸 허구성을 기본으로 한다. 시가 개인의 체험적 진실 서사의 재생적 상상력을 뛰어넘어 창조적 상상력을 수렴한 팩션일 수 있다 하더라도, 어디까지나 수필은 수필일 뿐이고 산문시는 산문시일 뿐이다.
 '일기시'도 존재하기는 한다. 윤동주의 여러 시를 일러 '일기시'라고 언급한 학자도 있다. '일기와 같은 시', '일기 형식의 시'라는 의미이지 일기가 곧 시라는 등가 성립을 말하는 용어는 아니다. 윤동주의 여러 시편이 일기 형식의 시임은 널리 알려져 있다. 그래서 윤동주의 시 중에는 「서시」와 「참회록」을 비롯해 깊은 감동을 안겨 주는 작품도 있지만, 여러 시편은 아쉬운 점이 많다는 평가를 받고 있는 이유이다.

 개인 시집에 지극히 사적인 이야기의 시를 함께 엮기도 한다. 오늘날 그 정도는 개인 작품집이라는 특성상 어느 정도 허용하는 분위기이다. 그러나 인터넷이나 문예지에서 시라는 이름으로 행갈이해 놓은 일기를 간혹 접할 때면 당혹스럽다. 일기를 행갈이해 놓았다고 해서 시일 수는 없다. 지극히 사적인 이야기를 담은 일기가 시의 형식을 빌렸다 하더라도 일기는 일기일 뿐이다.

 그 이유는, 문학은 "작가의 상상력에서 생겨난 창조적 작품으로 제한하는 것"[1]이라는 말에 답이 있다. 일기는 사실 그대로 쓰기 때문에 상상력이 필요 없다. 창조적인 작품도 아니다. 일기는 자신의 일과를 진솔하게 기록하고 반성하는 글이지 상상력을 가미하여 허구성을 장치하는 글이 아니다. 허구성을 장치하는 그 순간 일기가 아니다.

 일기는 지극히 사적이고 주관적인 은밀한 글이다. 그래서 살아생전 일기문은 일기장에 고이 닫아 놓아야지 그 은밀함을 열어젖혀 스스로 까발려 세상에 나오게 할 일은 아니다. 이처럼 일기가 시의 자격을 갖추기에는 너무나 많은 한계에 봉착한다.

 시인이여, 시인의 전기적인 사실의 이야기들은 시의 본령과 거리가 멀다. 시와 산문의 경계쯤은 분별하자, 나아가 시와 일기의 경계쯤은 알고 쓰자.

---

1) 김욱동, 『문학이란 무엇인가』, 문예출판사, 2002, 46쪽.

모방과 독창성의 경계쯤은 분별하자

한 개인의 재능을 다른 말로 바꿔 말하면 '개성'이다. 시인의 개성을 투영한 시 속에서 또 다른 개성이 살아 꿈틀대기 마련이다. 이 개성은 문학의 필수적 특성이다. 이를 '인격 표현'이라고도 한다. 이 개성의 문학은 앞에서 언급했듯, "작가의 상상력에서 생겨난 창조적 작품으로 제한하는 것"이라는 말과 연관성이 있다. 시인의 상상력은 개성을 창조해내는 힘이다. 이 개성을 달리 말하면 '독창성'이다. 그렇다면 시란 '창조적 상상력과 독창성을 품은 글의 예술'이 맞다.

솔로몬 왕이 '하늘 아래 새로운 것은 없다.'라고 말했다. 이 말은 창조주의 위대함을 찬양한 말이다. 달리 읽어 보면, 천지 만물은 창조주의 피조물이라는 뜻이다. 창작도 피조물의 모방일 수밖에 없다는 말로 읽히기도 한다. 그래서 이 말은 표절 의혹이 일어날 때면 '무의식의 작용'이라는 말과 함께 자기 합리화를 위해 약방의 감초처럼 무대 위에 꼭 등장한다. 둘 다 그 역할은 늘 뻘쭘하다.

문학 작품에서 '창조'라는 말이 과연 가능할까? 모든 문학 작품은 아리스토텔레스의 주장처럼 '미메시스'이다. 자연의 모방과 재현이 그 출발점이다. 다시 말하면 '모방' 그 자체가 '창조'인 것이다. 이 세상에는 '재현' 혹은 '재창조'는 존재하지만, '새로운 창조'는 존재하지 않는다는 말과도 상통한다. 이처럼 문학 작품에서 표절이라는 놈이 박쥐처럼 모호한 경계선에서 서성이고 있는 듯하다. 하지만 그 경계는 확연히 구분된다. 《두산백과》에 "표절은 다른 사람의 창작물을 자신의 것으로 도용한다는 점에서 다른 사람의 창작물을 본따서 나름대로 재창조한 모방과는 구별된다."라고 모방과 표절을 분명하

게 구별하고 있다. '도용' 여부가 그 경계선을 갈라놓는다.2)

　시뿐만 아니라 모든 예술에서 당연히 모방 혹은 차용이 있을 수 있다. 하지만 그 경계를 늘 고민해 봐야 한다. 등단 시인이 습작기에서나 있을 법한 모방시를 지속해서 발표한다면 시인이라 말할 수 있을까? 창조적 상상력과 독창성이 없는 시인은 허울에 불과하다. 시인이 아니라는 말과 다름없다. 창조적 상상력과 독창성에 대해 스스로 전제하고 논증을 반복하다 보면, 언젠가는 창조적 상상력과 독창성이라는 놈이 불쑥 튀어나올 것이다.

　가령 시의 제목에 널리 알려진 관용구나 대중가요의 제목을 그대로 모방하였다면 문제가 없을까? 차용이라는 이름으로 사용할 수도 있다. 독창적이지 못함이 문제이다. 또한, 기성 작가가 발표한 독창적인 시와 수필의 제목, 나아가 단행본의 제목을 차용해도 모방한 시로 오해받을 소지가 있다. 우연의 일치라 하더라도 독창성이라는 잣대를 들이대면 치명적인 시빗거리가 될 수도 있다.

　독자들은 낡은 시어의 모방과 답습보다는 새로움과 신선함에 도전하는 시적 고투의 산물을 읽고 싶어 한다. 완성도가 미흡하더라도 시적 치열성에서 감동을 얻을 수 있기 때문이다. 예술은 창조적 상상력과 독창성이다.

　시인이여, 모방과 독창성의 경계쯤은 분별하자, 모방한 시는 창작이 아니다. 창조적 상상력과 독창성이 뚜렷하지 않은 시를 함량 미달의 시라고 치부해 버리기도 한다. 이쯤은 알고 쓰자.

---

2) 신기용, 『출처의 윤리』, 세창미디어, 2015, 18-19쪽 참조.

시를 논할 때 창조적 상상력과 독창성은 빠트릴 수 없다. 이들은 독자들을 시에 심취하게 만드는 매력으로 작용한다. 시의 창조적 상상력과 독창성 때문에 현실 세계보다 시를 통해 인상 깊은 자연과 사물의 이미지, 감명 깊은 이야기와 화자들의 이미지를 오래도록 간직할 수 있다. 나아가 풍부한 상상력을 발휘하기도 하고, 이상향을 꿈꾸기도 한다.
　창조적 상상력의 산물인 허구는 과거형과 현재형에만 머물지 않는다. 미래형의 이상향을 꿈꾼다. 우리 인간이 미래에 실현하고 싶어 하는 꿈이다.

　시인이여, 미래를 꿈꾸자! 시를 창작할 때 창조적 상상력과 독창성을 시의 품에 고이 품게 하자. 그 품에서 막 알을 깬 병아리가 걸어 나와 세상 구경하듯 뽀송뽀송 노랑의 귀여움을 발산하는 시의 탄생을 꿈꿔 보자. 독창성의 순수함 그 자체만으로도 눈이 부실 것이다.

시적 상상력의 암살범 한자(漢字) 관념어를 사살하라

　요즘 시를 읽다 보면, 클리셰(진부한 상투어)인지 시인지 분간이 안 가는 시가 많다. '진짜 시인이 맞을까?'라는 생각에 약력에 눈이 가기도 한다. 때로는 시인이라는 직함이 필요한 분들도 있는 듯하다. 이를 어떻게 해석해야 할까?
　긍정적으로는 시가 대중화되었다고 말할 수 있고, 부정적으로는 시인으로서 자질이 부족한 사람들이 시인이라는 직함을 얻었지만, 가치 있는 시를 쓰기는커녕 지극히 사적인 일을 일기장에 쓰듯이 시를 쓴다고 말할 수도 있을 것이다. 후자가 문제의 본질일 수도 있고, 아닐 수도 있다. 가짜 시인들이 진짜 시인들의 발표 지면을 갉아먹고 있는 것은 아닌지 한 번쯤 생각해 볼 일이다.

시적 상상력의 암살범 한자 관념어를 사살하라

앞에서 언급한 클리셰가 의외로 많다는 것을 증명하기 위해 그중 하나만 언급해 보면, 한자 관념어(개념어)를 꼽을 수 있다. '기억, 시간, 인생, 영혼, 욕망, 청춘, 행복' 등과 같은 한자 관념어가 많이 등장한다는 것이 문제이다.

학제(學制)든 사사(師事)든 정상적으로 시를 수학하면서 오랜 습작기를 보낸 시인이라면 '관념어를 배척하라.' 혹은 '한자어를 타파하라' 라는 말을 귀가 따갑도록 들었을 것이다. 만일 관념어를 채택하더라도 창작 수법과 시적 가치를 충분히 고려해서 신중하게 채택해야 한다. 관념어를 채택했다고 무조건 수준 이하의 시라고 단정해서도 안 된다.

먼 나라 이론가의 말을 끌어올 필요가 없다. 안도현 시인이 『가슴으로도 쓰고 손끝으로도 써라』(한겨레출판, 2009)에서 진부한(낡은) 시어에 대해 비판적으로 강조한 말을 읽어 본다. "당신은 관념적인 한자어가 시에 우아한 품위를 부여한다고 착각하지 마라. 품위는커녕 한자어 어휘 하나가 한 편의 시를 누르는 중압감은 개미의 허리에 돌멩이를 얹는 일과 같다. 신중하고 특별한 어떤 의도 없이 한자 관념어 시어가 시에 들어가 박혀 있으면 그 시는 읽어 보나 마나 낙제 수준이다."(125쪽)라고 강조했다. 이처럼 한자 관념어 배척은 시 창작법에서 가장 기초적인 착안 사항이면서 고려 요소임을 늘 되새겨 볼 필요가 있다.

한자 관념어의 심각성을 상기하기 위해 안도현 시인의 말을 더 읽어 본다. "시는 이런 진부한 시어의 무게를 감당할 수가 없다. 사유라는 것은 원래 그 속성상 관념적인 것이고 추상적인 법이다. 하지만 관념을 말하기 위해 관념어를 사용하는 것은 언어에 대한 학대행위다. 관념어는 구체적인 실재를 개념화한 언어이기 때문이다." 라고 언급하면서 "관념어는 진부할 뿐 아니라 삶을 왜곡시키고 과장할 수도 있다. 또한, 삶의 알맹이를 찾도록 하는 게 아니라 삶의 껍데기를 어루만지게 한다. 당신의 습작 노트를 수색해 관념어를 색출하라. 그것을 발견하는 즉시 체포하여 처단하라. 암세포 같은 관념어를 죽이지 않으면 시가 병들어 죽는다. 상상력을 옥죄고 언어의 잔칫상이어야 할 시를 난장판으로 만드는 관념어를 척결하지 않고 시를 쓴다네, 하고 떠벌이지 마라."(126쪽)라고 강조했다. 시인이라면 이러한 말들을 뼛속 깊이 새겨 넣어야 함이 합당하다.

  시인이든 아니든 많은 사람이 권위 있게 받아들일 수 있는 안도현 시인의 시 창작법의 일부를 인용했다. 논리학에서 말하는 '권위에의 호소'이다. 필자보다 인지도가 더 있는 시인이다. 더 권위 있게 받아들일 수 있을 것 같아 인용했다. 이를 '권위에의 호소 오류' 혹은 '누구를 가르치려고 드느냐'라고 비아냥거리는 시인이 있다면, 단 한 번이라도 자신의 시적 소양을 의심해 보고, 시를 다층적으로 분석해 볼 필요가 있을 것이다.

  아무튼 좋은 시는 감동이 깊고, 여운이 길다. 백 명이 읽어도 각기 다른 해석이 나오기 마련이다. 필자도 독자의 한 사람으로서 특정 문예지를 새로운 시선으로 읽어 보았다. 한자 관념어에 굵은 글씨로 표시했다. 무엇이 문제인지 꼼꼼하게 읽어 보자.

  「태극기를 달며」는 목적시이다. "지독한 **고통** 참으며/ **순국**하신 임"(「태극기를 달며」 부분)에서 한자 관념어 '고통'과 '순국'이 상상력을 옥죄고 있어 시가 무겁다. 물론 목적시에 충분히 채택할 수 있는 시어이다. 그러나 이를 시적 형상화로 표현하거나 묘사했다면 더 좋았을 것이다. 또한, "거품 빠진 **욕망** 바람에 날려 버리고 (…) 침실에 누우면 어느덧 참새, **희망**을 지저귀는 아침"(「침실」 부분)이라는 시행에 주목해 보면, 아침에 지저귀는 참새 소리가 시적 화자의 가청권에 들어온다. 참새의 청각적 지저귐이 어둠을 밀어내고 밝음을 펼치는 '희망' 그 자체임을 표현한 것이다. 하지만 '욕망'과 '희망'이라는 한자 관념어가 눈에 자꾸 거슬린다. 이 두 한자 관념어의 중압감 때문이다.

아래의 시 2편도 기원적 시점의 시로서 '희망'을 장치해 놓고 있어 내일의 '보랏빛 새 희망'에 대한 권유의 노래와 '희망의 세레나데'를 통해 금방이라도 희망이 밝아 올 듯하다.

우리 다 함께 보랏빛
인생을 걷지 않겠나.
붉은 **청춘**은 가 버렸지만
지금부터 보랏빛 **인생**을 누리세나

(…)
흥겨운 **인생** 노래 부르면서
보랏빛 새 **희망**으로 동행하세

— 「보랏빛 인생」 부분

짙은 노을에 그려진 **행복**한 네 모습이
(…)
주어진 **시간**이 여유로우니

(…)
희망의 세레나데를 불러 봅니다.

─「희망의 세레나데」부분

　두 편의 인용 시에서 '행복', '시간', '인생', '희망', '청춘' 등 한자 관념어가 시를 병들게 하고 숨통마저 끊어 놓았다.
　다음의 2편도 '꿈'(희망)을 읊조리고 있다. "더 많은 꽃잎들이 손을 잡고 꿈을 부빈다"(「그 눈발」 부분), "토막 난 꿈이 잿빛 갈기를 피워 올린다"(「망초꽃이 피었습니다」 부분)만 읽어 보아도 알 수 있다. '희망'이라는 단어를 직접 끌어들이지 않더라도 희망을 표현하거나 묘사할 수 있는 능력을 지녔다. 특히 시 「망초꽃이 피었습니다」에서 '불안 심리'를 잘 표현하고 있다. 그러나 "재빨리 **불편**한 **기억**을 빠져나간다/ (…)/ **영혼**의 등성이를 돌아 나간다"(「망초꽃이 피었습니다」 부분)처럼 '불편', '기억', '영혼' 등의 한자 관념어를 타파해야 온전한 시로 거듭날 수 있을 것이다.
　다음의 시 2편 모두 목적시 형식을 취하고 있다. 산문적인 문장을 행갈이 해 놓았기에 시가 갖추어야 할 것을 다 갖추지 못한 미완의 시이다. 특히 "**유한**과 **무한**이 어우러져/ 사람이라 (…)/ 운동회란 틈새 **시간**"(「교회 운동회」 부분)처럼 한자 관념어 '유한', '무한', '시간' 등의 시어 대체를 심도 깊게 검토해 보아야 상상력이 나래를 펼칠 수 있을 것이다.
　다음은 "잠을 잃은 뜨내기들끼리 어울려/ 붉은 샴페인을 건배하고 있다."(「환상 일기 1」 부분)라며 축배의 잔을 들고 있음을 암시하고 있다. '희망'이라는 시어 대신에 희망을 암시하고 상징하는 '샴페인 건배'를 채택한 것이다. 이쯤에서 진부한 시어를 채택한 다른 시인들과 달리 차별성이 드러난다. 하지만 독창적인 시어로 대체했더라면 더 좋았을 것이라는 아쉬움이 남는다.

섬의 안팎의 경계인 바다를 넘나든 시간의 미학

> 오늘 나는 비로소 너의 품에 안겼다/ 네가 그토록 많은 사람을 안았던 품에// 너는 그렇게 많은 사람을 안았으면서도/ 나를 안는 게 처음인 듯 나를 안았다// 너의 품은 나 혼자 안기기에 무릇 컸지만/ 너를 애태운 시간의 저울에 비할 수 있을까// 너의 품에 안겨/ 쫓기는 한 시간 반을 보내리니/ 두근거리는 심장 위에/ 천둥 같은 너의 모습을/ 더하지도 빼지도 말고/ 포효하듯 올려놓아 줄 수 없겠니
> ― 「마라도」 전문

인용 시 「마라도」는 우리나라 최남단의 섬 '마라도'를 '너'라는 이인칭으로 인격화/의인화했다. 시적 화자인 일인칭 '나'는 관광객으로서 마라도를 방문한다. 마라도를 찾은 관광객이 무수히 많다. 시적 화자도 그중 한 명이다. 그러나 '너' 마라도가 '나'를 기꺼이 품으로 안아주고, 받아들여 줬다고 인식한다. 마지막 연에서 시적 화자는 마라도의 품에 안겨 머물 수 있는 시간이 겨우 '한 시간 반'밖에 되지 않아 쫓기듯 둘러보았노라고 말한다.

시적 화자는 마라도의 밖인 제주도에서 마라도의 안으로 들어가 그 품 안에 안겨 봄으로써 '한 시간 반이라는 제한된 시간'의 내적 모순성을 타파하려는 변증법적인 시선으로 시적 상상력을 발휘하고 있다. 짧은 시간에 대한 아쉬움의 표현이기도 하다. 또한, 3연 "너

를 애태운 시간의 저울에 비할 수 있을까"에 주목해 보면, 한자 관념어 '시간'이 등장한다. 인용 시의 전체를 지배하는 시어이다. 추상적인 시간이 아니라 주어진 시각의 범위를 나타내는 시간이다. 섬의 밖에서 섬의 안으로 들어가 봄으로써 섬이라는 공간 안(내부)의 성질과 공간 안에서의 '한 시간 반'이라는 촉박한 시간에 대한 이미지를 표현하고 있다. 달리 보면, 시간의 미학을 읽을 수 있다. 오독(誤讀)일 수도 있지만, 오독도 시적 상상력을 발휘하게 한다.

인용 시에서 물의 이미지인 '바다'가 과감하게 생략되어 있다. 그런데도 시를 읽는 동안 바다가 연상된다. 제주도와 마라도와의 경계인 '바다'를 직접 표현하거나 묘사하지 않았지만, 독자들은 '바다'를 연상하게 된다. 이것이 시의 매력이고 상상력이다. 적당히 드러내기도 하고 숨기기도 하는 것이 시이다. 때로는 인용 시처럼 과감하게 생략해야 한다. 만일 인용 시에서 '바다'를 표현한 시행을 장치했더라면 시적 가치를 상실했을 것이라고 평가해 본다.

새와 파도 이미지의 역동적 상상력

만덕산을 감싸고 있는 동백나무/ 수백 년 묵은 군락지를 이루고/ 윤기 흐르는 황록 이파리 사이/ 갓 시집온 새색시처럼/ 수줍음 가득 머금은 선홍빛 동백꽃/ 고개 들고 강진만 쪽빛 바다를 바라보네// 다산과 혜장선사 함께 거닐던 고갯마루 오솔길/ 참새 혓바닥 같은 새순 내민 차나무와 어우러져/ 살가운 햇살 가득 머금고/ 붉은 베일 하나씩 펼치는 교태/ 눈이 아리도록 서럽게 곱다// (……)// 동박새 피를 토하다 떠난 빈자리마다/ 땅바닥은 온통 선혈이 낭자하지만/ 나뭇가지 헤집고 찾아온 빛줄기는/ 처연스레 누운 그대를 어루만져 주구나

─「동백꽃」 부분

　　인용 시 「동백꽃」의 시간적 배경은 동백꽃이 피는 추운 계절이다. 공간적 배경은 전남 강진 만덕산 동백나무 군락지이다. 시적 화자의 시선은 활짝 핀 선홍빛 '동백꽃'을 비롯한 차나무 등 자연을 관조하는 시각적인 이미지에 집중한다. 마지막 연에서는 피를 토하듯 우짖던 '동박새'의 청각적 이미지로 전이한다. "동박새 피를 토하다 떠난 빈자리마다/ 땅바닥은 온통 선혈이 낭자하"다며 동백나무의 많은 가지 중 한쪽 귀퉁이에 앉아 우짖던 동박새에 대한 역동적인 상상력을 촉발시키고 있다. 달리 읽어 보면, 동박새가 우짖어 동백꽃을 붉게 피웠고, 동박새가 떠난 뒤 동백꽃이 툭 떨어져 붉게 누웠다는 표현이기도 하다. 그리고 "나뭇가지 헤집고 찾아온 빛줄기"도 떨어져 누워 있는 동백꽃을 어루만져 주고 있다며 주관적 표현을 한다.

　　일 조, 앞으로/ 이 조, 약진 앞으로/ 우레 같은 함성을 지르며/ 구르고 뛰며 달려드는 무리들/ 일렬횡대, 전면전이다// 육지를 점령하라/ 젊은 돌격대를 앞세우고/ 무너지고 쓰러져도/ 전열을 갖추어 다시 진격하는/ 작전은, 인해전술이다// 일보 전진 일보 후퇴/ 수만 년을 다투어 온/ 바다와 육지, 치열한 영역 다툼이다.
　　　　　　　　　　　　　　　　　　　　　　　─「파도」 전문

　　인용 시 「파도」는 물의 이미지인 파도를 의인화했다. 이를 통해 역동적 상상력을 촉발시키고 있다. 밀려오는 파도를 군대의 각개전투와 분대전투의 공격 이동 기술인 조별 약진에 빗대어 놓았다는 것 자체가 기발하다. "일 조, 앞으로/ 이 조, 약진 앞으로/ 우레 같은 함성을 지르며" 나아가는 파도는 물의 역동적 이미지이다. 그 물의 역동적 이미지를 약진 앞으로, 돌격 앞으로 나아가는 제파식 공격은 물론, 인해전술을 연상하도록 상상력을 촉발시키고 있다. "일보 전진 일보 후퇴/ 수만 년을 다투어 온/ 바다와 육지, 치열한 영역 다툼이다."며 바다와 육지의 대립적 관계를 표현하고 있다. 바다와 육지라는 이항 대립의 영역 다툼의 역사를 수렴한 서사임을 읽을 수 있다. 그러나 이 짧은 시에서 '파도와 같은 공격(제파식 공격)'을 표현하기 위함 치고는 '전면전, 점령, 돌격대, 전열, 진격, 작전, 인해전술, 전진, 후퇴' 등 군사 용어가 과도하게 등장한다. 이들 언어도 한자 관념어이기 때문에 중압감을 견딜 수 없다. 체험적 지식을 과잉 표출한 결과라고 평가해 본다. 달리 말하면, 시어의 절제미가 미흡한 시이다.

이번 주제는 '시적 상상력의 암살범 한자 관념어를 사살하라'이다. '배척'이나 '타파', '처단'이나 '척결'보다 더 강렬하고 섬뜩한 '사살'이라는 말을 채택한 이유는 그만큼 중시해야 한다는 의미이다. 이를 중심으로 소주제 '섬의 안팎의 경계인 바다를 넘나든 시간의 미학'과 '새와 파도 이미지의 역동적 상상력'을 부가적으로 읽어 보려는 의도였음을 밝혀 둔다.

시인의 성명을 밝히지 않고 시 제목만 밝혔지만, 한 글자라도 부정적인 평가를 받은 분들은 절망하지 않기를 바란다. 필자만의 독법(讀法)이라고 치부해도 좋다. '전문 시인의 길과 시의 세계'를 얕보지 말고, 험난한 시적 고투의 길을 인내하며 걸어가기를 부탁드린다. 시에 대해 무지한 가짜 시인은 용감한 법이다. 그러나 시에 대해 알면 알수록 매번 발표할 때마다 조심스러워한다.

간혹 "이런 시는 돈으로 산(구매한) 시야!"라는 말을 듣기도 한다. 첨삭이라는 명목 아래 돈으로 거래한 시라는 뜻이다. 그런 시는 죽은 시다. 시적 가치와 수준은 돈으로 살 수 있는 물질이 아니다. 시인이라는 직함은 액세서리처럼 살 수 있을지는 몰라도 영혼을 담은 시를 돈으로 살 수는 없다. 팔아도 안 되고, 사도 안 된다.
늘 자신의 시적 역량을 성찰하면서 더욱 정진하여 시다운 시, 나아가 길이 남을 명시 한 편쯤은 창작하시길 진심으로 빈다.

요즘 시를 보면 대중가요 가사 같은 시가 많다. K-POP 한류와 트로트 열광과 관련이 있을 수도 있다. 분명한 것은 제아무리 아름다운 대중가요 노랫말이라 하더라도 그것은 시일 수는 없다. 물론 시를 가사로 채택하는 사례는 있지만, 그와는 별개의 문제이다.
시 창작 기법은 대중가요 가사 작법과 다르다. 시와 가사는 서로 닮은 점도 있지만, 다른 점도 많다. 예를 들면, 시는 관념어를 배제하는 반면, 가사는 수용한다. 시는 직접 정서(아프다, 슬프다, 기쁘다 등)의 언어를 배제하는 반면, 가사는 직접 정서를 수용한다. 시는 설명을 배제하는 반면, 가사는 수용한다. 시는 함축의 미를 추구하는 반면, 가사는 의미 전달에 치중한다.
대중가요 가수나 노랫말 작가 가운데 시인으로 등단한 사례가 종종 있다. 이들의 시를 읽어 보면, 관념어투성이고, 지나칠 정도로 직접 정서로 표현한다. 노랫말인지 시인지 구분이 안 가는 글에 시라는 이름표를 달기도 한다. 엄격하게 말하면, 시의 자격을 갖추기에는 얼토당토않게 함량 미달인 경우가 많다.
시를 창작할 때 이쯤은 알고 쓰자.

설명하려는 시는 죽은 시다
— 사족(蛇足)을 달았다면 발표하지 마라

'설명하려는 시는 죽은 시다'라는 테마로 읽어 본다. 시의 내용에서나 주석과 시작 메모를 통해 시를 설명하려고 하는 행위는 신중하게 검토해야 할 문제이다. 조금 강한 표현이기는 하지만, '사족을 달았다면 발표하지 마라'라는 부제를 내세워 읽어 보고자 한다.

산문시는 이미지 표현과 형상화 그 자체가 설명처럼 읽히는 경우가 허다하다. 산문시의 형태상 혹은 작법상의 특성이기도 하다. 시조창과 같이 긴 호흡을 유지하는 방법이기도 하다.

설명하려는 시는 죽은 시다

설명하려는 시는 죽은 시다. 죽은 시를 읽을 필요가 있을까? 죽은 시를 읽고 싶거든 '시의 주검'을 묻어 놓은 '시의 무덤'에서나 파헤쳐 찾아 읽어 볼 일이다.

"시에 설명을 덧붙일 필요가 있을까? 시인이 시를 설명하려 들면 스스로 작품성을 포기하는 행위가 되고 만다. 이미 발표한 시의 결점을 해명하려 들면 스스로 함량 미달의 시인임을 까발리는 짓이 되고 만다. 시는 있는 그대로 두어야 깊은 맛이 난다. 오독의 상상력도 시의 힘이다. 백 사람이 읽으면 백 가지의 해석이 나와야 시다운 시이다. 시라는 놈이 생물과 같은 유기체이기 때문이다."[1)]

흔히 시라는 놈은 유기체와 같은 것이라서 살아서 움직인다고 말한다. 그렇다. 시는 태어날 때부터 강한 생명력을 품고 태어난다. 때로는 순수성과 참여성, 때로는 서정성과 현실성, 때로는 과거 회귀성과 미래 지향성 등을 품고 태어난다. 이 생명력이 독자의 가슴에 들어가서 눈물샘을 자극하기도 하고, 깊은 곳을 헤집고 다니기도 한다. 심지어 머릿속에 숨어들어 오랜 휴면을 취하다가 세월이 지난 뒤 깨어나 뒤통수를 한 방 때리기도 한다.

그런데 태어날 때부터 숨이 멎은 시라면 유기체가 될 수 없다. 그건 그냥 죽은 시다. 시의 무덤 속에서나 읽어 볼 수 있는 시이다. 달리 말하면, '미완의 시'는 시작 노트나 파일에 잠들고 있어야지 세상의 빛을 보면 안 된다는 뜻이다.

사족에 불과한 주석과 설명 읽기

"시에 미주를 즐겨 다는 시인은 《표준국어대사전》에 실린 표제어

---

1) 신기용, 평론집 『비평의 수평과 지평』, 정인, 2012, 100쪽.
 — 월간 《예술부산》(2012. 3월호)에 제목 '부산 시인의 신작 시 경향', 부제 '주석과 시작 메모 달기'라는 글에서 시에 주석과 시작 메모를 다는 것이 바람직하지 않다는 내용으로 비평을 했다. 필자의 두 번째 평론집 『비평의 수평과 지평』(2012)에도 실었음을 밝힌다.

제1장 시인이여, 이쯤은 알고 쓰자 ‖ 47 ‖

를 주석하기도 하고, 지극히 사적인 사연의 시작 메모를 늘어놓기도 한다. 나아가 시적 대상에 대해 장황하게 아는 체하거나 보충 설명을 하기도 한다. 주석과 시작 메모를 시의 구성 요소로 인식하고 있는 것은 아닐까?"[2]

'그건 아닐 것이다.'라는 생각을 하면서도 이런 시를 접할 때면 왠지 슬퍼진다. 마치 주석과 시작 메모가 시의 구성 요소인 것처럼 익혀 왔을 것이라는 의심마저 들게 한다. 습작 시기에 누군가로부터 잘못된 영향을 받았을 가능성이 크다. 그렇지 않고서는 있을 수 없는 일이다.

오일장(五日場) 가서 갈치 한 마리 사와/ 끓이든지 굽든지/ 살 깊은 가운데 토막은 자식들 먹이느라/ 어머니는 늘 *날가지만 뜯으셨다/ 그 중에서도 뼈다귀뿐인 대가리가 가장 맛나다며/ 버리지 않고 다 발라 잡수셨다// (…)// 내 어머니,/ 지금은 이미 아픈 이름이 되셨다

*날가지: 산의 큰 줄기에서 날카롭고 짧게 뻗은 갈래, 또는 잎이 없는 맨 가지를 말한다. 물고기의 가슴지느러미를 일컫는 '나라미'의 경상도 사투리이기도 하다. 여기서는 생선의 살 깊은 몸통 부분을 제외한 머리, 꼬리, 지느러미 등 나머지 부분을 말한다.
― 「어머니의 어두일미(魚頭一味)」 부분

(…)// 살아 있는 삶의 시간에 오늘도 감사하며/ 주어진 나의 길, 내 맘속 등산로 따라/ 한 걸음씩 오르다 지치면 배낭을 풀고/ 자연수(自然水) 한 모금에 땀을 식히자/ 아, 인생이란 삶이란 이거로구나/ 안개구름 저 너머 *고당봉(姑堂峰) 꼭대기야/ 까마득해 보이네만

---

[2] 위의 책, 100쪽.

*고당봉(姑堂峰): 부산의 진산(鎭山) 금정산(金井山)의 해발 801.5m 주봉의 이름이다.
　　　　　　　　― 「살아서 움직이는 모든 것에게는」 부분

　인용 시 「어머니의 어두일미(魚頭一味)」와 「살아서 움직이는 모든 것에게는」 등, 두 편 모두 굳이 주석을 달 필요가 없었다고 평가해 본다. 특히 인용 시 「어머니의 어두일미」의 주석 '날가지'라는 낱말은 흔히 사용하고 통용하는 명사이다. 또한, 《표준국어대사전》에 실려 있다. 그렇다면 굳이 주석을 달아 설명할 필요가 있을까?
　"독자는 《표준국어대사전》의 표제어가 아닌 순우리말과 토속어, 고어와 신조어, 특수어 등에 대한 짧은 주석은 대체로 수긍한다. 《표준국어대사전》의 표제어를 주요한 시어라 하여 주석한 시를 접할 때면 시인의 어휘력을 의심한다. 지극히 사적인 시작 메모를 접할 때면 시인의 자질을 오해한다. 따라서 시를 창작할 때 불필요하게 주석을 달거나 시작 메모를 다는 일은 신중해야 한다."3)
　인용 시 「살아서 움직이는 모든 것에게는」에서 주석한 '고당봉(姑堂峰)'은 시의 배경을 설명한 것이다. 이런 경우 약간은 이해할 수 있는 측면이 있다. 그러나 굳이 주석을 달아 설명할 필요는 없다. 부산 사람이라면 '고당봉(姑堂峰)'을 모르는 사람이 거의 없을 것이다. 전국적인 독자를 대상으로 한다손 치더라도 굳이 주석을 달아 시의 배경을 설명할 필요가 있을까?
　한 번쯤 깊이 생각해 볼 일이다. 이를 보강 설명하자면, 한반도에 한글로 '고당봉'이라는 이름을 가진 높은 봉우리가 두 곳뿐이다. 하나는 북한의 평안남도에 '고당봉(高唐峯)'이다. 한자 표기는 금정산의

---
3) 위의 책, 101쪽.

고당봉과 다르다. 그렇다면 시 본문에 '고당봉(姑堂峰)'이라고 한자와 병기해 놓은 것만으로 종결해도 될 것을 다시 주석을 달아 설명할 필요가 있을까?

결국, 두 편의 시 모두 사족에 불과한 주석의 설명 때문에 시가 기형적인 불구가 되었음을 읽을 수 있다.

시의 완성도를 떨어트린 시작 메모와 주석 읽기

"독자는 시인의 사적인 일을 알려고 시를 읽는 것이 아니다. 물론, 과거 노산 이은상과 가람 이병기가 시조에 자유시처럼 시작 메모와 날짜를 달기도 했으나 바람직한 일은 아니었다."4)

아직도 이를 답습하는 시인들이 있긴 있다. 특히 시집 해설을 청탁 받을 때 간혹 그런 시집 초안과 조우하기도 한다. 일기 형식의 시에서 이해할 수 있는 부분도 있다. 하지만 잘못된 것을 답습하는 것은 바람직하지 않다. 필자가 교정이라는 명목 아래 삭제한 경험도 있다. 끝까지 고집하는 시인도 있다. 시를 설명하고자 하는 시인이 소수이긴 하나 존재한다는 것을 강조해 본다.

산허리를 달리는/ 차량의 불빛/ 늦도록 멎지 않는데// 저기 희뿌연 호수는/ 한밤의 정령들이 펼치는/ 피안의 무대인가// 빛과 소음 속에 사라진/ 꿈과 추억들이/ 뭇 별처럼 되살아나고// 언제나 도시를 떠돌다/ 그리움도 잃어버린/ 유목민을 부르고 있네.

---

4) 위의 책, 101-102쪽.

* 중부내륙고속도로 선산휴게소에서 대원호를 내려다보며
―「밤의 호수」전문

　인용 시 「밤의 호수」에 주석을 단 "중부내륙고속도로 선산휴게소에서 대원호를 내려다보며"라는 시작 메모는 이해할 수 없는 사족이다. 이 시작 메모가 "저기 희뿌연 호수는/ 한밤의 정령들이 펼치는/ 피안의 무대인가"라는 시행의 상상력을 완전히 망쳐 놓았다. 나아가 시 전체의 상상력도 죽여 버렸다. 독자들로 하여금 희뿌연 호수에서 한밤의 정령들이 펼칠 법한 피안의 무대에 대해 상상력을 펼치도록 내버려 두면 될 일을 시작 메모를 달아 버림으로써 상상력의 날갯죽지를 꺾어 놓았다. 시인의 지극히 개인적인 시작 메모를 시작 노트에 고이 간직하고 있으면 될 일을 왜 스스로 시를 망쳐 놓았을까?

　'단 한 줄의 설명이 무엇이 잘못이냐?'라는 식으로 합리화시킬 수도 있을 것이다. 그러나 단 한 줄이 문제임을 상기해야 한다. 시도 소설처럼 허구의 문학이다. 널리 알려진 곽재구의 시 「사평역」을 생각해 보면 알 수 있는 문제이다. 간이 기차역 '사평역'은 대한민국 그 어디에도 없다. 이것이 시이다. 서울 지하철 9호선 '사평'역은 최근에 붙여진 이름이라서 그 시의 창작 배경과 관련이 없다.

　독자의 상상력에 맡기면 될 일을 굳이 '대원호'를 설명한 까닭이 뭘까? 꼭 필요하다면 '대원호에서'라는 부제를 덧붙이면 될 일이었다. 습작기에 귀가 따갑도록 들었을 법한 "시를 설명하려 들지 마라." 혹은 "사족을 달지 마라."라는 말을 늘 되새겨 볼 일이다. 소탐대실! 이럴 때 생각나는 한자숙어이다.

(…)// 적절한 생략과/ 과감한 추상을/ 토착 예술적 미감을/ 예리하게 뿜어내는/ 쇼나 블루 걸작을 보시고 또 보시라// 순수 시공을/ 매혹적인 찰나로/ 우주를// 꽃 등불처럼 흔들어 놓는/ 오 그 신비의 조심스런 황홀을 넘어

* 짐바브웨 (돌로 지은 집) 인구의 70%를 점유하고 있는 부족 이름.
―「쇼나」부분

인용 시「쇼나」라는 제목에 주석을 단 "짐바브웨 (돌로 지은 집) 인구의 70%를 점유하고 있는 부족 이름"이라는 설명도 사족에 불과하다. 제목에 주석을 달아 '쇼나족'을 설명하려고 한 것 자체가 시의 완성도를 떨어뜨려 놓은 결과를 초래했다. 제목을 '쇼나' 대신에 '쇼나족(族)'이라고 했으면 아무 문제가 없었을 것이다. 세계 지리를 잘 모르는 사람이라 하더라도 '쇼나족'이라는 부족은 알고 있을 수도 있다. 설령 모른다 하더라도 '쇼나족'에 대한 지식은 핸드폰 검색만으로도 쉽게 습득할 수 있다. 결국, 제목에 '족(族)'이라는 한 글자만 덧붙이면 될 일을 시까지 망가뜨려 놓은 결과를 초래했다. 한편으로 세계 지리, 즉 외국의 지식과 관련한 것이라 허용할 수 있는 범위일 수도 있을 것이다. 큰 시빗거리가 아니라는 의미이다.

언제였나 분홍빛 삶이/ 망구까지 살려거든// 얼룩진 마음부터/ 꽃물을 들여야 해// 오늘도 어제 이어 애꿎은/ 봉숭아꽃 찧고 있다.
*망구 : 81세
―「봉숭아 물들이며」2연

시인은 오늘도/ 목적지도 없이 길을 나선다./ 유치환의 그리움*과/

신석정의 그 먼 나라를** 만나기 위해

*筆者가 가장 愛誦하는 詩
**筆者의 어린 날 큰 누님이 詩를 처음으로 소개하여 詩心을 일깨우게 된 최초의 계기를 만들어 준 詩

— 「시인의 삶」에서

「봉숭아 물들이며」는 시조이다. '망구'는 《표준국어대사전》에 실려 있으므로 굳이 미주를 달 필요가 없는 낱말이다. 「시인의 삶」은 사적인 시작 메모를 달아 놓았다. 독자는 시인의 사적인 일을 알려고 시를 읽는 것이 아니다.

나의 스승, 로버트 프로스트*/ 시인으로서 헤매며 길을 물었을 때/ '가지 않는 길'로서 멘토가 되어 주셨지요./ 나의 작은 글방에 당신을 초대하는/ 젊은 날의 당신 사진과 늘 마주하고 있습니다.

*로버트 프로스트 : 로버트 리 프로스트(Robert Lee Frost, 1874년~1963년)는 미국의 시인이다. 뉴햄프셔의 농장에서 오랫동안 생활한 그는, 그 지방의 아름다운 자연을 맑고 쉬운 언어로 표현하였다. 그는 자연 속에서 인생의 깊고 상징적인 의미를 찾으려고 노력한 시인이었으며, (……) - 내용 발췌(다음 커뮤니케이션)

— 「나의 스승, 로버트 프로스트」에서

가엾은 아픔 씻은 가을 뮤즈의 눈물
피안의 강 언덕에 핀 들국화 향기도 지녀
아무도 때 묻는 것을 바라지 않고 있다.

*(……)/ 보살은 중생을 구원하기 위해 중생계에 화현함으로 중생과 어울려 살기 위해 중생의 허물을 조금 가진다고 한다. 그러나 대부분의 사람들은 보살

로 화현한 분들의 일부 허물을 이해하지 못한다. 이렇기에 이 땅의 보살로 화현한 분들의 대사회적 헌신과 희생은 곧 가을 뮤즈의 눈물이다
― 「금강, 다이아몬드 」에서

「나의 스승, 로버트 프로스트」는 '로버트 리 프로스트'에 대해 장문으로 주석해 놓았다. 대놓고 아는 체하기와 장황한 보충 설명하기가 마치 이론서의 주석을 방불케 한다. 「금강, 다이아몬드 」는 시조이다. 아는 체하기의 선을 넘어 "대부분의 사람들은 보살로 화현한 분들의 일부 허물을 이해하지 못한다."라며 불특정 다수인의 종교적 무지를 빗대고 있다. 두 편 모두 완성도를 떨어트린 결과를 가져왔다.

과다한 줄임표/생략표도 사족이다

과다하게 줄임표/생략표를 장치한 시를 독자의 시선으로 읽어 보면, 사족을 단 것처럼 읽힌다. 즉, 설명하려고 단 사족과 별반 차이가 없다는 말이다. 반복적인 과잉 장치 그 자체가 시 전체의 흐름을 끊거나 시의 의미를 전도해 버리기도 한다. 그래서 사족이다.

이상(李箱)의 시처럼 다다이즘이나 초현실주의(쉬르레알리슴)를 추종하는 시인들은 시에 문장부호 혹은 각종 기호를 활용해 다층적인 의미를 부여하기도 한다. 하지만 다다이즘이나 초현실주의를 추종하지 않는다면 줄임표/생략표를 과도하게 장치할 필요가 없다. 순수 시에서 이런 과잉 장치는 지양해야 할 문제이다.

아래 시 두 편 모두 줄임표/생략표를 여러 번 장치했다.

태산처럼 높아만 가네……,
안절부절못하고 문질러 보는데
물린 자리 가렵기는 마찬가지
강렬하게
경계의 눈초리 보내 보지만
다시……,
바늘 같은 긴 혓바닥 세우고

— 「미운 그녀」 부분

끝내 아무 말없이 살아남아야
되겠지……, 물론……,
그래 너만은 그래야 되겠지……,

내가 너에게 할 수 있는 건
흔들리지 않고 지켜보는
달관의 경지
너는 오랫동안 내 마음에서
떠나지 않으리라……,
청마의 마음을 흔들게 했던 그 바위가
오늘따라 보고 싶구나.

— 「바위가 되기 위한 기도」 부분

꼭 필요하다면 한 번 정도는 있을 수 있겠지만, 과잉 장치하다 보니, 시의 의미마저 애매해졌다. 흐름을 상실했다는 말이기도 하다. 이를 제거해 보면, 오히려 더 좋은 시로 읽힌다. 고민해야 할 문제이다.

이같이 주석에 대해 부정적으로 평했다. 부제를 '사족을 달았다면 발표하지 마라'라고 강한 어조로 어필했다. 필자가 대학생 때 더 강하게 '사족을 달려 거든 쓰지 마라.'라고 표현하는 교수도 봤다. 그만큼 시인들이 머릿속 깊숙이 각인해야 할 문제이다.

안도현 시인의 『가슴으로도 쓰고 손끝으로도 써라』(한겨레출판, 2009)의 마지막 부분 글을 그대로 인용하여 끝맺음을 대신한다. "시인이여, 누군가 당신 시의 결점을 지적하면 겸손하게 귀를 열고 가만히 들을 일이다. 얼토당토않은 비판이라도, 되먹지 못한 소리라도, 개 풀 뜯어먹는 소리라 해도 달게 들어야 한다. 독자가 당신의 시를 오독한다고 독자를 가르치려고 대들지 말 것이며, 제발 어느 날짜에 쓴 시라고 시의 끝에다 적어 두지 마라. 당신에게는 그 시를 완성한 날이 대단한 의미가 있을지 몰라도 독자는 그따위를 알려고 당신의 시를 읽지 않는다. 당신이 완성했다는 그 시는 당신의 마음속에서 완성된 것일 뿐, 독자의 마음속으로 들어가 언제든지 변화하고 성장할 준비가 되어 있는 유기체인 것이다."

시적 허용과 시인의 의도
—— 구두점을 무조건 생략하라고 배웠다면 엉터리다

　시에서 언어와 문법의 변형을 허용한다. 이를 '시적 허용'(Poetic licence)[1] 혹은 '시적 자유', '시적 파격'이라고도 한다. 오자를 비롯한 문법 오류가 명백한 미완의 시를 놓고 시적 허용이라고 억지 주장하는 시인을 본 적 있다. 이는 미숙한 시적 역량을 감춰 보려는 방어기제 작동이라고 말할 수 있다. 시적 허용이 시의 미학적 완성도를 제대로 갖춰야만 성립 가능한 이론임을 모르는 시인이 뜻밖에 많다는 뜻이기도 하다.
　시에서 구두점(마침표와 쉼표)을 비롯한 문장부호 생략도 허용한다. 이것도 문법 변형이므로 광의의 '시적 허용'의 범주에 속한다고 말할 수 있다.
　당연히 생략할 수도 있다. 한국 현대시에서 보편적인 현상이라 유별난 일도 아니다. 그러나 이들 시 가운데 구두점을 제대로 이해하지 못한 상태에서 생략한 듯 읽히는 시가 있다. 즉, 시어와 운율의 완성도가 낮아 들숨 날숨의 숨 고르기 혹은 호흡 조절이 불안정한

---

[1] 드라이든(Dryden)은 시적 허용을 '모든 시대를 통하여 시인들이 스스로 가지고 있다고 생각하는 엄격한 산문으로서는 표현할 수 없는 것을 운문으로서는 말할 수 있는 자유'라고 정의했다. [네이버 지식백과], 『문학비평용어사전』 참조. 장영규 외, 『문학용어해설집』, 대구대학교출판부, 1985, 233쪽 참조.

시가 있다는 말이다.

　인터넷 구석구석에 '시에 마침표를 찍으면 무식하다. 무조건 생략하라.'는 말이 떠돌아다닌다. 그 말 자체가 무식한 것인지도 모르고 이를 받아들이거나 답습하는 시인이 뜻밖에 많이 있는 듯하다. 시에서 구두점 하나하나마다 의미가 담겨 있음을 부정할 사람은 없을 것이다. 구두점을 철저하게 찍든 생략하든 그것은 시인의 의도에 의해서 결정되는 것이다. 구두점은 시인의 철저한 의도적인 장치이기 때문이다.

문장부호의 시적 의미

　아래의 시 「사랑」은 책을 덮은 뒤에도 느낌표(!), 물음표(?), 온점(.)에 대한 의미를 생각하게 했다. 이를 읽어 본다.

　　　!

　　　?

　　　... .

　　　　　　　　　　　　　　　　　　　　─ 「사랑」 전문

　'언어 밖의 언어들'이라는 부제를 단 인용 시 「사랑」은 느낌표 하나, 물음표 하나, 온점 네 개만으로 구성한 시이다. 인용 시는 문장부호만으로 사랑에 대한 다의적 의미를 담아 놓았다. 나아가 부제 '언어 밖의 언어들'이 말하고 있는 것은, 이들 문장부호가 부차적 언어에 머물지 않고 독립적 언어로서 역할이 가능함을 강조하고 있다. 이들 문장부호를 통해 사랑을 상징적으로 표현하고 있다.

이 시를 읽는 독자 개개인은 저마다 달리 해석할 수밖에 없을 것이다. 각기 처한 상황에 따라 느낌표와 물음표의 뜻이 다를 수밖에 없을 것이다. 달리 보면, 이 시가 너무 많은 것을 생략한 관계로 난해하게 읽힐 것이다. 독자들은 이런 시를 접할 때 주관적인 해석이 빚어내는 다양한 시적 상상력을 경험할 수 있을 것이다. 명확한 것은 시 본문의 문장부호 의미를 잘 이해하지 못하더라도 인용 시의 제목과 부제만으로도 시인의 의도를 충분히 읽어 낼 수 있다는 점이다.

인용 시를 읽다 보면, 프랑스 작가 빅토르 위고의 그 유명한 물음표와 느낌표의 일화가 생각날 것이다. 빅토르 위고가 『레미제라블』을 출판한 후, 독자들의 반응이 궁금해서 출판사에 '?'만 표기한 편지를 보냈다. 출판사 발행인은 '!'만 표기하여 답장을 보냈다. 전자의 '?'는 사람이 뭔가를 골똘히 생각하는 모습을 형상화한 물음표이다. 후자의 '!'는 느낌표이지만, 놀라서 펄쩍 뛸 정도의 반응이라는 뜻으로 답했다는 일화이다. 이 일화는 문장부호만으로도 의사소통할 수 있음을 대변하고 있다.

구두점의 시적 의미

시는 글의 예술이다. '한글 맞춤법'은 약속이다. 이와 더불어 '문장부호 표기'도 약속이다. 일부 문장부호(쉼표, 마침표, 물음표, 느낌표, 쌍점 등)의 경우 '만국 음성 부호'처럼 만국에서 통용된다. 국제적으로 통용되는 대부분의 언어2)에서 공통적으로 채택하고 있기 때문이다.

시에서 구두점은 행과 연을 구분하는 것과 깊은 관련이 있다. 시를 읽을 때 시어(글)만 읽는 것이 아니다. 구두점, 행간, 여백도 읽는다. 리듬, 이미지, 의미도 읽는다. 나아가 호흡도 읽는다.

김춘수 시인은 행과 연을 리듬·이미지·의미의 단락으로 나눈다고 설명했다. 이에 흔히 호흡 단락을 추가하여 말하기도 한다. 이 호흡 단락이 구두점과 가장 밀접한 관련이 있다. 시를 낭독해 보면 호흡과 구두점의 긴밀함을 알 수 있다. 그래서 김춘수 시인은 구두점을 철저히 찍은 듯하다. 모더니스트 김수영 시인도 구두점을 철저히 찍었다. 간혹 생략하더라도 마지막 마침표만은 철저히 찍은 시인으로 유명하다. 이 두 분은 시인이면서 이론가였다. 왜 구두점을 철저히 찍었을까? 한 번쯤 깊이 생각해 볼 일이다.

옛 한글은 줄글이었다. 즉, 띄어쓰기가 없었다. 문장부호도 오늘날 '마침표'와 같은 '온점', '쉼표'와 같은 '반점'만을 사용하였다. 중요한 것은 구두점을 철저하게 찍었다는 점이다. 줄글이었던 옛시조도 '온점'만은 철저하게 찍었음을 『청구영언』을 통해 알 수 있다.

《표준국어대사전》에 문장부호란 "문장의 뜻을 돕거나 문장을 구별하여 읽고 이해하기 쉽도록 하기 위하여 쓰는 여러 가지 부호"라고 정의하고 있다. '한글 맞춤법' 부록에서는 "문장 부호는 글에서 문장의 구조를 드러내거나 글쓴이의 의도를 전달하기 위하여 사용하는 부호이다."라고 기술하고 있다. 즉, 문장부호를 통해 문장의 구조와 글쓴이의 의도를 알 수 있다는 말이다. 역설적으로 글을 쓰

---

2) 일본어는 쉼표(독점)와 마침표(구점)를 채택하고 있으나, 물음표와 느낌표는 사용하지 않는다. 스페인어의 느낌표와 물음표는 감탄문 시작에서 거꾸로 선 역느낌표, 의문문 시작에서 거꾸로 선 역물음표를 사용한다.

는 사람은 이를 의도하면서 써야 한다는 말이기도 하다.

마침표의 쓰임을 4가지로 구분하고 있으나, 첫 번째 쓰임으로 "서술, 명령, 청유 등을 나타내는 문장의 끝에 쓴다."라고 명시하고 있다. 시에서 마침표는 단순하게 "서술, 명령, 청유 등을 나타내는 문장의 끝에"서 호흡의 종지만을 의미하지 않는다. 행갈이처럼 리듬 · 이미지 · 의미 단락의 단절, 혹은 종지를 의미한다. 시인이 의도하는 리듬 · 이미지 · 의미 단락의 종결과 강조이기도 하다.

쉼표의 쓰임은 15가지로 구분하고 있으나, 이 글에서 구체적인 나열은 생략한다. 시에서 쉼표는 단지 휴지만을 의미하는 것이 아니다. 시 읽기의 들숨 날숨의 숨 고르기 혹은 호흡 조절을 위한 장치이기도 하지만, 시인이 의도하는 리듬 · 이미지 · 의미 단락의 분절과 강조이기도 하다.

이 글의 아래에서 문장부호 전체를 다룰 수 없어, 가장 일반적인 마침표와 쉼표만을 뜻하는 구두점에 관해 살펴보기로 한다.

구두점을 생략한 시 읽기

독자의 입장에서 시를 읽을 때 구두점을 생략한 시는 호흡이 불안정하다고 느낄 수 있다. 구두점을 생략한 시는 시어와 운율로 구두점을 대신해야 하므로 무엇보다 완성도가 중요하다. 구두점을 생략한 시 가운데 「구장군 폭포」를 대표적으로 읽어 본다.

수십 미터 절벽 아래로/ 비단 머릿결을 풀어헤친/ 수천 개의 물방울들/ 끊이지 않는 행보로 쏟아지는/ 부드러운 숨결/ 모세혈관이 얼비치는/ 애기단풍들을 쓸어내리고/ 하늘로 솟는 메타쉐콰이어나무들의/ 거친 호흡을 담금질하며/ 켜켜이 부서진다/ 텅 빈 마음의 수묵화를 덧칠하며/ 하나둘/ 땅 위를 걷는/ 물방울의 궤적들/ 산줄기를 타고 흐르는/ 여정의 메아리 되어/ 팽팽한 빗살무늬로 울려 퍼진다
―「구장군 폭포」전문

인용 시들처럼 완성도가 뛰어나지 않으면서 구두점마저 생략해 버리면 시의 꼴이 어정쩡하기 일쑤이다. 무조건 생략하는 것이 능사가 아니라는 말이다. 다른 시각으로 보면, 구두점에 대해 제대로 모르니까 생략했다는 말을 들을 수도 있을 것이다.

구두점을 생략한 시는 시어와 운율을 통해 들숨 날숨의 숨 고르기, 호흡의 단절과 종지, 리듬 · 이미지 · 의미 단락의 분절과 종결 등을 이루어 내야 한다. 그러나 완성도가 뛰어나지 않다면 모든 의미가 불안정해진다.

구두점을 찍은 시 읽기

독자들은 구두점을 생략하든 찍든 시인의 시적 역량을 함께 읽어낼 수 있다. 분명한 것은 구두점을 찍은 시를 읽을 때 호흡이 안정적이라고 느낄 수 있다.

바다의 풋풋한 내음에/ 동해의 파도가 물살을 가르고/ 살랑살랑 햇살 받으며 안겨 오는/ 물결의 흔적들이 유성의 발자국처럼/ 하얀 포말을 일으키며 내 품에 달려온다.// 벗들과 찾아 나선 정겨운 얼굴들/ 선연히 물든 검푸른 사암 아래/ 자연이 빚어낸 기암의 주상절리/ 빛

> 곱게 드리운 바다는/ 건반 악기가 되어 파도 소리를 유혹하며/ 행복한 가슴에 달콤한 포물선을 그린다.// 다디단 청정수처럼/ 잘 익은 사과 향기처럼/ 달개비 꽃잎 머금은/ 청아한 보랏빛 추억이 산문에 젖어들 때/ 먼 그리움 내 유연의 꿈이 피어난다.// 긴 삶의 여정 미완성의 세상/ 지혜와 용기로 디딤돌이 되어/ 서로 마음과 마음을 이어 주는/ 우리들의 우정이/ 낙엽 진 오솔길에 아름다운 수다가 핀다.
> ―「달개비 우정」 전문

마침표를 철저히 찍은 시 「달개비 우정」을 읽어 보면, 시적 가치가 뛰어난 것은 아니지만 호흡의 안정감을 느낄 수 있을 것이다. 인용 시처럼 구두점을 철저히 찍은 시는 시어와 운율에 더불어 구두점이라는 이중적인 장치를 통해 들숨 날숨의 숨 고르기, 호흡의 단절과 종지, 리듬·이미지·의미 단락의 분절과 종결 등을 명확하게 드러냄으로써 호흡의 안정을 도모할 수 있다.

> 가을 산이 부른다/ 가을 산길 혼자 걸으면/ 넉살 좋은 억새가 익은 얼굴로 다가선다/ 낮은 키 재던 망초꽃, 개상사화, 구절초, 며느리배꼽,/ 며느리밑씻개, 애기똥풀/ 정갈한 숨결로 제 목소리 다듬는다/ 키 큰 미루나무 잎새들 작은 산새 울음 안은/ 그들 사이를 나는 출렁이며 걷는다./ 버리지 못한 우울 발자국마다 묻어 두고/ 하늘 한 번 우러러/ 잠잠한 생각 쏟아부으며/ 깎아지른 절벽과 모난 돌을 잘 달래면/ 선한 바람 한 줄기 만날 수 있어서 좋다/ 힘찬 숨결 우쭐우쭐 젊음을 토하는 산의 정기에/ 흠뻑 나를 지우며 오늘도 재를 넘는다
> ―「9월이 오면」 전문

시 「9월이 오면」에서, 쉼표는 철저히 찍었지만, 마침표는 찍기도 하고 생략하기도 했다. 마침표를 생략한 부분이 아쉽다. 마침표를

찍어야 할 부분에 생략했음을 읽을 수 있다. 쉼표처럼 마침표도 철저히 찍었다면 더 좋았을 걸 하는 아쉬움이 남는 시이다.

구두점 생략의 역사, 이쯤은 알고 생략하자

프랑스의 기욤 아폴리네르(1880~1918)를 비롯한 입체파 시인들은 미술에서의 아방가르드 운동을 시에도 실험했다. 입체파 시인 중에 아폴리네르가 가장 선구자적 역할을 했다. 그 당시에는 정형을 깨고, '구두점을 생략'한 것 자체가 파격적이었다. 그래서 그의 시를 오늘날에도 '파괴의 시학'이라고 평가한다. 그의 시 「비가 내린다」가 대표적인 예이다. 세로쓰기 사선으로 글자를 배열하여 비가 내리는 것처럼 형상화한 회화성의 시각시(視覺詩)이다.

또한, 1916년 스위스의 취리히에서 탄생한 다다이즘에 주목해 본다. 다다이스트들은 아무 뜻도 지니지 않는 시를 통해 기존의 규칙들을 파괴했다. 비논리적으로 연결하는 문장을 구사하고 아무런 연관이 없는 단어나 사물들을 시 속에 병치하기도 했다. 우리나라에서는 1930년대 이상(李箱)의 시가 그 효시이다. 시의 문법이나 형식을 파괴하고, 언어 대신 숫자나 여러 기호를 시에 끌어들였다. 시에서 '띄어쓰기 무시'와 '구두점 무시'는 이상의 시에서 최초로 등장하였다는 표현들을 한다. 그러나 '구두점 무시'가 아닌 '구두점 생략'이라는 측면에서 보면, 이미 한용운의 시집 『님의 침묵』(1926)에서 시작되었다.

한국 현대시의 초기 시집 중에 철저하게 구두점을 찍은 시집을 예를 들면, 김소월의 『진달래꽃』(1925), 최남선의 『백팔번뇌』(1926), 안확의 『시조시학』(1940), 윤동주의 『하늘과 바람과 별과 시』(1955) 등이다. 구두점을 생략한 시집을 예를 들면, 한용운의 『님의 침묵』(1926), 김영랑의 『영랑시집』(1935), 백석의 『사슴』(1936), 이육사의 『육사시집』(1946) 등이다.

 시인 이상의 영향으로 1960년대 후반 이후 삽입구나 도표, 숫자나 기호 등을 시 본문에 장치하더라도 '낯설게 하기' 정도로 해석하고 별 거부감 없이 받아들여졌다. 이처럼 구두점 생략은 한국 현대시의 보편적 현상으로 자리 잡았다.

 '시적 허용과 시인의 의도'라는 관점에서 해설해 보았다. 부가적으로 '구두점을 무조건 생략하라고 배웠다면 엉터리다'라는 부제로 시를 읽어 보았다.

 언어 변형을 포함한 구두점 생략 등 시적 허용은 무한한 것일까? 광대무변한 시의 속성상 무한한 것일 수도 있다. 하지만 다다이스트나 포스트 모더니스트가 아니라면 그 한계와 경계를 고민해 볼 필요가 있다. 특히 구두점 생략이 한국 현대시의 보편적인 현상이라 하더라도 구두점의 의미를 고민하면서 창작할 필요가 있을 것이다. 구두점이 시어, 행간, 여백 등과 함께 시 본문의 구성 요소라고 강조해도 무방할 것이다. 구두점이 문장의 구성 요소이기 때문이다. 그래서 이를 생략할 때는 고민이 필요하다는 말이다.

 [네이버 지식백과]의 『문학비평용어사전』에 "시적 허용은 특별한 미적 성과가 기대될 때 이루어지는 것으로, 작가의 미숙이나 기교상의 무능력을 변명해 줄 수 있는 것은 아니다."라고 명확하게 기술하

고 있다. 이처럼 시의 미적 완성도라는 전제 조건이 충족된 뒤에 시적 허용도 가능한 일이다.

　서두에서 언급한 바와 같이 '시에 마침표를 찍으면 무식하다. 무조건 생략하라.'는 그 말 자체가 무식한 것임을 늘 상기해야 할 것이다. 구두점을 찍든 생략하든 그것은 시인의 창작 의도대로 결정하면 된다. 시인의 철저한 의도적인 장치이어야 함에도 몰라서 생략하는 일은 더는 없기를 바랄 뿐이다.

　시인이여, 시적 완성도를 향해 끊임없는 고투의 길을 걸어가자. 그 고투의 흔적을 후배 시인들이 밟게 될 것이다.

제2장 현대시조 읽기

　현대시조는 시각적으로도 곧바로 시조임을 알 수 있는 기사형식을 채택하는 것이 바람직하다. 3, 6, 7행으로 기사하는 것이 가장 무난하다. 초·중·종장으로 구분하는 3행, 초·중·종장을 각 2행으로 나누어 기사하는 6행, 초·중장을 각 2행으로 하면서 종장을 3행으로 기사하는 7행 형식이 가장 무난한 기사형식이다. 특히 7행 형식은 반드시 3자여야 하는 전환구의 반전 효과를 달성할 수 있다는 장점이 있다. 이런 이유로 필자는 7행 형식을 선호하는 편이다.

현대시조의 형식 실험 · 1
— 기사형식(記寫形式)

　옛시조는 줄글이었다. 『청구영언(青丘永言)』과 『해동가요(海東歌謠)』에서는 초·중·종장을 약간의 간격을 두고 띄워서 기사하였다. 현대시조에서 형식 실험은 3장을 4장으로 늘리거나 양장 또는 절장(단장)으로 줄이는 형태 변형과 자유시처럼 의미, 호흡, 리듬, 이미지 단위를 고려하여 시행을 분행하는 모습으로 이루어져 왔다.
　이와 같이 현대시조는 시인들에 의해 새로운 형식으로 변화를 모색해 왔다. 4장, 양장, 절장시조와 같은 형태를 변형하는 실험보다는 의미, 호흡, 리듬, 이미지 단위로 시행을 분행하는 기사형식 실험이 더 활발하게 이루어져 왔다. 이것은 자유시의 영향을 받아 형태보다는 의미와 더불어 호흡, 리듬, 이미지를 더 중시하기 때문이다.
　현대시조의 기본 형태는 초·중·종장이 그대로 유지된 3장으로 정립되어 왔다. 각 장이 한 행으로 모두 3행으로 정형(定型)되어 있다는 의미이다. 하지만 그 각 장마다 2구(句)로 나누어 있어 통상 3장 6구라고 한다. 육당 최남선 이후 현대시조에서 구 단위 6행으로 분행하는 당위성이 여기에 있다. 시조단에서는 분행 위주의 실험을 현재도 진행 중이다. 대체로 분행을 어떻게 하던 3장 6구를 1개 연(聯) 또는 수(首)로 보는 것만은 변함이 없다.

　자유시처럼 의미, 호흡, 리듬, 이미지 단위 등을 고려한 분행은 8구설, 12구설 등을 뒷받침한다. 장순하의 「고무신」처럼 시각적 이미지를 고려하여 낱말 단위 분행과 도형을 끌어들이기도 한다. (이 책의 104-105쪽 참조.)

　문덕수는 "현대시조에서 3장(3행)에서 탈피하고자 하는 경향은 3행이라는 틀이 기계적인 틀이라 여기기 때문이다. 그래서 행 구분에서 변화를 시도하고 있는 것이다."1)라고 하였다.

　김춘수는 "시조의 3장은 세 개의 연(聯)으로 보는 것이 시의 형태로서는 보다 타당하지 않을까 한다. 그리고 장마다 구(句)가 두 개로 나누어지는데 이것들을 또한 두 개의 행으로 볼 수 있다. 따라서 시조는 3연 6행의 형태로 볼 수 있지 않을까 한다."2)라고 주장하였다. 이것은 현대시조에서 1연(수)을 6행으로 기사하면서 초·중·종장을 각 2행씩 배열하는 것을 두고 각 장을 연으로 인식하여 주장한 것이다. 그의 주장대로라면 현대 평시조가 3장 6구가 아니라 3연 6행인 것이다. 3연 6행의 기사 방법을 취하는 것이 매우 타당하다는 의미를 부여한 것이다.

　가람 이병기는 우리의 옛시조를 "시조의 편과 구는 독특한 존재였다. 시조는 시조라는 이름으로서 평시조, 엇시조, 사설시조 세 가지로 되어 있으며 이 세 가지에 공통한 건 그 3장형이었으며, 이 3장형이 한시, 와카[和歌]와 같은 정형(定形)이 아니고 정형(整形)이었다. 이 정형(整形)에는 말을 얼만이라도 자유롭게 쓸 수 있다. 과연 시조는

---

1) 문덕수, 『오늘의 시작법』, 시문학사, 1987, 65쪽.
2) 김춘수, 『시론』, 경북인쇄소, 1961, 131쪽.

정형시(定形詩)가 아니고 정형적(整形的) 자유시였다."3)고 주장하였다.

이를 뒷받침하는 주장은 정지용이 『가람 시조집』(1947, 백양당)의 발문에서 "시조가 자수 장수에 제한이 있어서 무슨 장정적(章程的)인 가치가 있는 것이 아니라, 시형의 제약적 부자유를 통하야 시의 특색일 것이다. 모든 정형시(整型詩)의 미덕이 조선에서는 3장형으로 현양된 것"이라고 하였다.

3장 6구의 형식을 살린 기사형식

1904년 육당 최남선 이후부터 1950년대까지 상재된 시조집을 중심으로 기사형식을 살펴보면 3행과 6행이 압도적으로 많은 비중을 차지한다.

이은상 『노산 시조집』(상옥사, 1932), 오신혜 『망양정』(대동출판사, 1935), 안학 『시조시학』(조광사, 1940), 이병기 『가람 시조집』(백양당, 1947), 김상옥 『초적』(수양서관, 1947), 이호우 『이호우 시조집』(영웅출판사, 1955) 등은 전편을 3행으로 기사하여 발표하였다.

육당 최남선 『백팔번뇌(百八煩惱)』(동광사, 1926), 『봉사꽃[鳳仙花]』(세계서원, 1930), 정훈 『벽오동』(학우사, 1955)의 경우는 전편을 6행으로 기사하여 발표하였다.

조운 『파초(芭蕉)』(1947, 고려문화사)는 3행과 5, 6, 7, 8, 9행, 이영도 『청저집』(1954, 문예사)은 3행과 6행, 조애영 『슬픈 동경』(서울신문사, 1958)은 6행에서 9행까지 기사하여 다양하게 발표하였다.

---

3) 이병기, 『가람문선』, 신구문화사, 1966, 279쪽.

이 글에서 현대시조의 분행 위주의 기사형식을 중심으로 형식의 변화만을 살펴보려 한다.

육당 최남선 기사형식

육당 최남선은 신시(신체시)의 형태면에서 새로운 모색을 하였다. 그는 신시사의 출발선상에서 형태적 공헌을 하였다. 한편, 1904년 현대시조의 전환점에서 육당 최남선은 시조를 3행과 6행으로 기사함으로써 새로운 형식을 갖추는 선구자적 역할을 하였다.

> 바다야 크다마라 대기권 잔 삼아도
> 그 속에 딸코 보면 얼마되지 못하리라
> 우주에 큰 행세 못하기는 너나 내나 다 일반
> (소년, 1909.9)
>   ― 최남선, 「국풍일수(國風一首)」 전문

> 아득한 어느제에
> 님이여긔 나립신고,
> 버더난 한가지에
> 나도 열림 생각하면,
> 이라리 안차즈리까
> 멀다 놉다 하리까
> (가을님 생각 청춘 제2호)
>   ― 최남선, 「단군굴(檀君窟)에서 묘향산」 전문

육당은 첫 시조집 『백팔번뇌(百八煩惱)』에서 전편을 6행으로 기사하

였다. 육당 최남선 이후부터 1950년대까지 시조집을 중심으로 기사 형식을 살펴보면 3행과 6행이 압도적으로 많은 비중을 차지하는 이유는 줄글이었던 시조를 3장 형식을 갖춘 3행과 6행으로 기사한 최남선의 영향 때문이라 여겨진다.

주요한 기사형식

주요한은 시조와 소곡집 『봉사꽃[鳳仙花]』(세계서원, 1930)에서 45편 모두 6행으로 기사하여 발표하였다. 당시로써는 보기 드물게 '가로쓰기'로 인쇄하였다. 이것은 기사 방법의 다양성의 시도라고 보는 것이 타당할 것이다. 영시(英詩) 기사법의 영향을 받은 것 같기도 하다. 이 시조집 본문에는 문장부호 '쉼표'나 '마침표'조차 없다. 유일하게 '큰따옴표' 하나가 있다. "퍼즐"이라는 외래어 표기에서 큰(쌍)따옴표가 한 번 등장한다.

주요한은 이 시조집에서 6행 기사법 중에서도 7가지의 기사형식을 사용하였다. 7가지 기사형식을 쉽게 볼 수 있게 편의상 ①~⑦로 구분하였다.

①
봄비에 바람치어
           실 같이 휘날린다
종일 두고 뿌리어도
           그칠 줄 모르노네
묵은 밭 새 옷 입으르니

　　　　　　　오실대로 오시라.
　　　　　　　　　　　　　　　― 주요한, 「봄비 1」 전문

②
고요한 밤이러라
소리 없은 밤이러라
　　　고운 꿈은 장옷 쓰고
　　　임의 자리 갈 때러라
풀닢이 눈물 머금고
긴 한 밤을 새더라
　　　　　　　　　　　　　― 주요한, 「새곡조 1」 전문

③
빛깔도 좋지마는
향기 더 좋으니
　　　새벽 붉은 해
　　　장미의 향기러니
　　　　　　벙긋이 웃는 입설은
　　　　　　새벽향기 나더라
　　　　　　　　　　　　　― 주요한, 「새곡조 4」 전문

④
추석날 밝은 달이
파초 닢에 어리웟네
객지에 맞는 가을
고향 생각 없으려만
　　　　　아이의 부르는 노래
　　　　　어이그리 슲으뇨
　　　　　　　　　　　　　― 주요한, 「망향 6」 전문

⑤
운핫물에 해 드리워
　　흰 돗대 붉엇스리
　　　저녁 가마귀
　　　　들 건너 갈때로다
　　　　　(구)름이 기어오르니
　　　　　　밤 비 올까하노라
　　　　　　　　　　　　　　— 주요한, 「강남 1」 전문

⑥
뵈은 적 없건마는
　　만나매 낯 닉으며
　　　기둔 적 없건마는
　　　　　오래 그린 임이로다
하늘이 내 하나인 임을
　　보내신가하노라
　　　　　　　　　　　　　　— 주요한, 「벗 1」 전문

⑦
달빛이 미쳐나가
안 올님 기두를제
야속한 초생달이
어느덧 넘어 갓소
가슴에 타는 불같아
이 밤중을 밝히렴
　　　　　　　　　　　　— 주요한, 「습작 3」 전문

　주요한이 6행으로 기사한 이 무렵까지만 해도 가람 이병기와 노산 이은상은 대체로 3행으로 기사하였다. 그것은 3행 기사가 보편화되어 있었기 때문이고, 이들도 간혹 아래와 같이 6행으로 기사하기도 했다. ⑤의 ( )안의 글은 탈자를 살려 놓은 것임을 밝혀 둔다.

    종일 피로하여
    걸음이 아니 걸린다
    그래도 발은 아직
    멈출 수 없다
    가다가 쓰러져 버리면
    넋이라도 가리라

                           ― 이병기,「길」전문

조운 기사형식

조운(曺雲)은 시조집 『파초(芭蕉)』(고려문화사, 1947)에서 3행보다 6행을 더 많이 기사하였고, 자유시처럼 이미지 단위로 나누어 5, 6, 7, 8, 9행으로 기사하기도 했다. 편의상 5행부터 9행까지 각 행별 ①~ ⑤라는 번호로 구분해 보았다.

    ①
    하늘은 맑다쇠
    나래는 가볍것다

    오늘은 구만리
    내일은 또 몇만리뇨

오가는 저 구름짱들 시로 말을 미루네.
― 조운, 「추운(秋雲)」 전문

②
볏잎에 꽂힌 이슬 놀랠세라
부는 바람

발아 대눈 적삼 겨드랑이
간지럽다

예 벌서 정자나무 밑에
시조소리 들린다.
― 조운, 「석양(夕凉)」 전문

③
넌지시 알은체하는
한 작은 꽃이 있다

길가 돌담불에
외로이 핀 오랑캐꽃

너 또한 나를 보기를
나
너 보듯 했더냐
― 조운, 「오랑캐꽃」 전문

④
펴이어도
펴이어도 다 못 펴고

남은 뜻은

고국(故國)이 그리워서냐
노상 맘은 감기이고

반드시 펴인 잎은
갈갈이
이대 찢어만지고.

— 조운, 「파초(芭蕉)」 전문

⑤
해문(海門)에 진(陣)을 치듯
큰 돛대
작은 돛대

뻘건 아침 볕을
떠받으며
떠나간다

지난밤
모진 비바람
죄들 잊어버린 듯

— 조운, 「출범(出帆)」 전문

1947년 조운 시조집 『파초』 이후 시조는 자유시의 기사 형식처럼 의미, 리듬, 이미지, 호흡 단위로 짧게 나누어 배열하여 시각적 효과를 노리는 경향을 보였다. 조운의 『파초(芭蕉)』 이후 3행 이상의 다양한 기사형식을 혼용하여 수록한 시조집이 출간되었다. 1950년대 이영도의 『청저집』(문예사, 1954)도 전통적 3행 기사와 더불어 6행 기사형식이 혼합하여 수록되어 있다.

이희승 기사형식

이희승 시집 『박꽃』(박영사, 1947)에 시조 21편이 수록되어 있다. 그 가운데 19편 모두 각 장마다 한 자씩 내려 쓰고 있다. 여기서는 가로쓰기로 변환하였다.

   쌀쌀한 서리바람 풀잎을 짓다길제
    들국화(菊花) 외로이서 몸가누기 어려워라
    별같은 청초(淸楚)한 맵시 하마고대 꺽일듯
         — 이희승, 「가을 생각 — 들국화」 전문

1950년대의 시조집 서정봉의 『소정시초』(현대사, 1953)도 이희승의 『박꽃』처럼 시와 시조가 함께 수록되어 있다.

조애영 기사형식

조애영 『슬픈 동경』(1958, 서울신문사)은 6행에서 9행까지의 다양한 기사형식을 채택하여 수록하였다. 후기에 '시조 형(型)에 대해'라는 편집자의 글을 주목할 필요가 있다.

재래의 삼행(三行)으로 된 삼장식(三章式)을 요즘 사람들로 대(對)할 때마다 딱딱한 기분을 받게 되므로 이를 부드럽게 대할 수 있게 해 보려는 것이 결국에는 각장(各章)을 재래의 법(法)을 위반하고 초장(初章)을 삼행(三行)으로 헤쳐 놓고. 중장(中章)을 이행(二行)으로 헤쳐 놓고. 종장(終章)을 삼행(三行)으로 헤쳐 놓았다. 중장은 초장의 뜻을 받아넘길 뿐이므로 재래의 형(型)을 그대로 유지(維持)하거나 이행(二行)으로 헤쳐 놓았고. 초장과 종장은 어구(語句)마다 중요성(重要性)을 가지고 있다. 삼행(三行)이나 사행(四行)으로 헤쳐 놓고 보아도 뜻을 지닌 글줄이 될 수 있으며 그 시조에 담긴 음률(音律)은 변함이 없이 읽는 이로 하여금 아모리 헤쳤을지라도 시조시(時調詩)인 것을 곧 알게 되는 것이다.

　　편집자가 주장하는 것을 다시 요약해 보면, '초장을 3행, 중장을 2행, 종장을 3행' 모두 8행으로 기사하거나, '중장을 1행 또는 2행, 초장과 종장은 3행 또는 4행' 모두 7행에서 9행까지 다양하게 기사했다는 의미이다. 전자의 8행을 ㉠, 후자의 7행을 ㉡—1, 9행을 ㉡—2로 임의로 분류하여 읽어 본다.

　　㉠
　　엄마가
　　낳은 딸이
　　또 엄마가 되었을 제
　　그 공을 갚노라고
　　내 자식을 위하는가
　　아가를
　　아끼는 맘속에
　　어머니가 계시네
　　　　　　　　　　　　　　　　— 조애영, 「어머니」 2연

ⓒ—1
매화분
싸움 터에
바람도 억세거늘
여지껏 가꾼 백매 몸 둘 곳을 모르오리
꽃잎이
떨어지기 전
그대 앞에 올리려

— 조애영, 「매화분」 1연

ⓒ—2
첫날은
잠잠했고
이튿날 새벽이라
방송국도 우리 손에
총독부도 우리 손에
태극기
높이 올리며
만세 만세
만만세

— 조애영, 「광복절」 2연

　조애영 시조집 『슬픈 동경』의 후기에 밝힌 것과는 달리 각장을 2행씩 분행한 6행의 기사와 중장을 3행으로 기사한 시조도 수록되어 있다.

이미지 단위 기사형식

"1960년대 시조는 자유시의 난해성과 구호성, 그리고 지적 편중에 반동했던 만큼 정완영의 작품에서 전형적으로 보게 되듯이 필연적으로 전통적 서정 세계를 주조로 한다. 그러나 이 시기에 와서 시조는 대담하고 다양한 형식 실험에도 불구하고, 시조 고유의 정형성에 대한 형식적 갈등을 드러낸다. 이 갈등은 시조 고유의 리듬을 파괴하고 지나치게 행을 분할하여 자유시와 구분되지 않았을 때 극명하게 나타난다."4) 이미지 단위의 기사형식을 살펴본다.

> 1
> 산
> 허리
> 후미진 선
> 눈이 시린
> 5월 햇살
> 탁
> 짜개
> 솟아올라
> 율동이는
> 능선
> 능
> 선
>
> 봄
> 바람

---

4) 김준오, 「순수·참여와 다극화 시대」, 『한국현대문학사』, 현대문학, 2002, 388-389쪽.

    그 샛길을 돌아
    옹달샘에
    앉는다.

    — 강운회, 「추상화·2」의 첫수

  강운회의 「추상화·2」는 이미지 결합 방법부터 실험적 자유시와 흡사하다. 이 시조에서 4음보의 정형을 느낄 수 없다. 한마디로 시조의 생명인 전통적 음률을 느낄 수 없다. 이러한 시조를 읽다 보면 시조의 정형성과 자유시를 구분할 수 없을 정도이다. 이 정도면 시조라는 이름보다는 자유시가 더 잘 어울린다.

    어루만지듯
    당신
    숨결
    이마에 다사하고

    내 사랑은 아지랭이
    춘삼월 아지랭이

    장다리
    노오란 텃밭에

            나비
    나비
            나비
    나비

    — 이영도, 「아지랭이」 전문

이영도의 「아지랭이」는 『석류』(1968)에 수록된 시조이다. 지금의 표기법에는 '아지랑이'이지만, 당시에는 '아지랭이'로 표기하였다. 종장 둘째 구에서 "나비"를 4줄로 배열한 것은 마치 네 마리의 나비가 날갯짓하며 날아가듯 출렁이는 모습을 연상할 수 있게 시각적으로 장치한 것이다. 이와 같은 시도를 정소파의 「화계(花階) 내리는 나비」라는 시조에서도 볼 수 있다.

(······)

꽃무리
신나 춤 춰 도는

나비
    나비
나비
    나비

(······)

꽃 보료
위에 안고 넘어지는

나비
    나비
        나비
            나비

(……)

　　열흘이
　　채 멀다 않고 죽어간

　　　　　　　　　나비
　　　　　　　나비
　　　　　나비
　　나비
　　　　　　　　　　— 정소파, 「화계(花階) 내리는 나비」에서

　이영도의 「아지랭이」와 정소파의 「화계 내리는 나비」에서 '나비'가 날아가는 듯한 모습이다. 종장 둘째 구에서 "나비"를 4줄로 배열한 것은 마치 한 마리의 나비가 넘실넘실 날갯짓하며 날아가듯 출렁이는 모습을 시각적으로 연상시킨다. 달리 보면 네 마리의 나비가 동시에 날아가는 모습처럼 시각적으로 보이기도 한다.
　정소파 시인은 「사랑이 내리는 동산」이라는 시조에서도 낱말을 시각적으로 배열하고 있다.

　　1.
　　(……)

　　금잔디
　　노오란 풀밭에—

　　소녀
　　　　소녀

     소녀
       소녀

2.
(……)

햇무리
화안한 뜨락에―

꽃잎
   꽃잎
꽃잎
   꽃잎

3.
(……)

잎수풀
포오란 알속에―

소리
   소리
소리
   소리

        ― 정소파, 「사랑이 내리는 동산」에서

 정소파 시인은 「사랑이 내리는 동산」에서는 '소녀', '꽃잎', '소리'

를 시각적으로 배열해 놓았다. '소녀'들이 노오란 풀밭에 모여 있는 모습, 뜰에 '꽃잎'이 흐드러진 시각적 모습, 심지어 풀잎에서 '소리'가 흘러나오는 청각적인 낱말까지도 시각적으로 배열하였다. 이처럼 그는 종장 결구에서 연상적 작용을 유도하는 기사형식으로 굳혀 놓았다.

 기사 형식에 대해 월하 리태극은 "너무 줄을 바꾸어서 기사를 한다면 자유시와 구분하기가 매우 곤란하게 된다. 자유시 기사형식에 추종할 필요는 절대로 없다. 시조인 이상 시각적으로도 시조로 알 수 있는 기사법이 바람직하지 않을까 한다. 그러므로 3행, 6행, 7행 정도에 머물도록 함이 타당하다고 본다."5)라고 주장하였다.
 월하 리태극의 주장처럼 현대시조는 시각적으로도 곧바로 시조임을 알 수 있는 기사형식을 채택하는 것이 바람직하다. 3, 6, 7행으로 기사하는 것이 가장 무난하다. 초·중·종장으로 구분하는 3행, 초·중·종장을 각 2행으로 나누어 기사하는 6행, 초·중장을 각 2행으로 하면서 종장을 3행으로 기사하는 7행 형식이 가장 무난한 기사형식이다. 특히 7행 형식은 반드시 3자여야 하는 전환구의 반전 효과를 달성할 수 있다는 장점이 있다. 이런 이유로 필자는 7행 형식을 선호하는 편이다. 반전 효과를 극대화할 수 있는 시어 채택이 매우 어려운 문제이지만, 3자를 분행해 보면 쉽게 실마리를 찾을 수 있다.
 이에 덧붙여 8, 9, 10행 또는 그 이상으로 기사하는 것에 완전히 반기를 들고 거부할 이유는 전혀 없다.

---

5) 리태극,「한국시조문학개관」,『한국시조큰사전』, 을지출판사공사, 1985, 36쪽.

현대시조의 형식 실험 · 2
― 형태 변형

옛시조의 시형상의 특질은 시형(詩形)의 변조나 변형이 없이 3장 정형과 음(자)수율의 진폭을 온전히 보전해 온 우리 고유의 전통적 시 양식이다. 현대시조의 특질은 현대의 모든 문학 장르가 그랬듯이 현대라는 시대성의 양식에 발맞추어 다양한 형태 실험을 해 왔고, 표현 기교와 수법도 자유시의 양식을 거부 없이 그대로 수용한 것이라 할 수 있다.

현대시조의 형태 실험은 3장을 4장으로 늘리거나 양장 또는 절장(단장)으로 줄이는 형태와 시행을 자유시처럼 의미, 호흡, 리듬, 이미지 단위를 고려하여 분행하는 모습으로 이루어졌다.

김춘수는 『한국 현대시 형태론』(해동문화사, 1958)에서 서구의 14행시 소네트와 한시의 7언 · 5언 절구나 율 같은 것은 음성율 · 음위율 · 음수율을 철저히 지켜야 하는 '완전한 정형시', 우리의 시조는 음수율만을 강요하는 '불완전한 정형시'라고 하였다.

이 '불완전한 정형시'라는 것을 깊이 해석해 보면, 긍정적으로는 음수율 외의 시적 요소들을 폭 넓게 끌어안을 수 있는 융통성을 열어놓은 시형이라는 뜻이다. 그래서 사고의 폭이 넓은 시형이라는 긍정적인 면이 강하다. 부정적으로는 불완전한 시형이기 때문에 완전성을 향한 끊임없는 변형이 이루어질 수 있다는 의미가 숨어 있다. 그래서 시의 질을 가장 논리적으로 구축할 수 있는 정형시로의 발전 과정을 밟을 수밖에 없다는 것을 인정한 것이다. 즉, 시조는 아직 미완의 시형이라는 의미이기도 하다.

이 부정적인 측면에서 깊이 생각해 볼 필요가 있다. 시조가 '불완전한 정형시'이기 때문에 '완전한 정형시'로의 변형은 자연 발생적으로 일어날 수밖에 없는 일이다. 이 때문에 현대시조가 어제도 오늘도 끊임없는 변화를 시도하고 있다. 완전한 정형으로 향한 길은 끝이 보이지 않는 아직도 멀고 먼 길일 수도 있다.

이 글에서 현대시조의 변화를 살펴보고, 형태 변형을 중심으로 이루어진 형식 실험을 살펴본다. 여기서 시조를 분석하거나 해설을 하지 않는 이유는 시조의 형식 변화에 대한 정리만으로도 시조를 공부하는 문학도에게는 많은 도움이 되리라 여기기 때문이다.

현대시조의 변화

현대시조는 가람 이병기 이후 자유시로의 접근을 모색하였다. 신석정과 가람 이병기가 공저한 『명시조 감상』(박영사, 1958)에서 "고시조에서 보는 '3·4·3(4)·4, 3·4·3(4)·4, 3·5·4·3'의 엄격한 틀을 벗어던지고 뛰어나온 것부터가 현대시조가 몸부림쳐 얻은 혁명일 것이다. 여기서 비로소 오늘의 시조는 새로운 영토를 개척하게 되었으리라. 형식(形式)에서 오는 새로운 개척은 결국 그 내용의 욕구에서 결과한 것이니, 새로운 술은 이미 낡아빠진 푸대에 담을 수 없는 일이다."6)라고 하면서 가람 이병기의 개척 정신을 높이 평가하였다. 가람은 정형의 틀에서 벗어나기 위한 몸부림을 작품 창작에 그대로 반영하였다.

고조(古調) 탈피

그대로 괴로운 숨 지고 어이 가랴하니
좁은 가슴 안에 나날이 돋는 시름
회도는 실꾸리 같이 감기기만 하여라.

아아 슬프단 말 차라리 말을 마라
물도 아니고 돌도 또한 아닌 몸이
웃음을 잊어 버리고 눈물마자 모르겠다.

쌀쌀한 되바람이 이따금 불어온다
실낱 만치도 볕은 아니 비쳐든다
친구들 외로히 앉아 못내 초조하노라.

— 이병기, 「시름」 전문

이 시조와 옛시조를 비교해 보면 새로운 형식으로 변화하였음을 알 수 있다. 3·4·3(4)·4, 3·4·3(4)·4, 3·5·4·3의 고조(古調)를 완전히 벗어던졌음을 알 수 있는 시조이다.

---

6) 이병기·신석정 공저, 『명시조 감상』, 박영사, 1958, 101쪽.

그대로 괴로운 숨 지고 어이 가랴하니
   3   3   1   2   2   4
      └ 4 ┘   └ 4 ┘

좁은 가슴 안에 나날이 돋는 시름
  2   2   2   3   2   2
     └ 4 ┘   └ 4 ┘

회도는 실꾸리 같이 감기기만 하여라.
  3   3   2   4   3
     └ 5 ┘

아아 슬프단 말 차라리 말을 마라
 2   3   1   3   2   2
    └ 4 ┘   └ 4 ┘

물도 아니고 돌도 또한 아닌 몸이
 2   3   2   2   2   2
     └ 4 ┘   └ 4 ┘

웃음을 잊어 버리고 눈물마자 모르겠다.
 3   2   3   4   4
    └ 5 ┘

쌀쌀한 되바람이 이따금 불어온다
  3   4   3   4

실낱 만치도 별은 아니 비쳐든다
 2   3   2   2   4
     └ 4 ┘

친구들 외로히 앉아 못내 초조하노라.
  3   3   2   2   5
    └ 5 ┘

가람 이병기는 형식적인 면에서 고조를 내던지고 새로운 실험을 하였다. 종장의 첫 구에 오는 감탄사 '어즈버', '하노라'를 완전히 버렸다. 언어 구사적 측면에서 변화를 일으킨 것이다. 그리고 옛시조에서 천편일률적인 인생무상, 영탄과 회고의 세계를 완전히 탈피하였다.

고조에서 탈피함과 아울러 자유시와 닮은 낭만적인 내용을 실험하였다. 물론 초기작들은 안이한 서정에 그쳤다는 한계점을 드러내기도 했지만, 실험성만은 인정하여야 한다.

문답형, 각운, 서사 수법 시험

> 비낀 볕
> 소등 위에
> 피리 부는 저 아희야
>
> 너의 소
> 짐 없으면
> 나의 시름 실어 주렴
>
> 싣기는
> 어렵잖아도
> 부릴 곳이 없어라.
>
> — 한용운, 「시름」 전문

이 시조는 문답형으로 구성되어 있다. 옛시조의 사설시조에서 이런 문답 형식이 존재하기는 하였다. 현대시조의 출발 선상에서 이런 수법을 채택한 것만으로도 한용운의 시적 안목과 치열성을 알 수 있는 시조이다.

   노랑 장다리 밭에
   나비 호호날고

   초록 보리 밭 골에
   바람 흘러가고

   자운영 붉은 논뚝에
   목메기는 우는고
              — 정훈, 「춘일(春日)」

 초·중·종 3장의 끝맺는 말에 "고"라는 각운은 당시의 자유시에서는 이미 등장하였으나, 시조에서는 보기 드문 실험이다. 초장 "호호 날고", 중장 "흘러가고", 종장 "우는고"를 눈여겨봄이 좋을 듯하다. 최근에는 이와 같은 각운을 비롯하여 요운, 두운은 새로운 것이 아닌 낡은 것이 되어 버렸다. 하지만 시의 음악성을 불어 넣는 수법으로는 제격이다.

   산길 굽이 굽이
   몇 굽이 돌고 돌아
   뻐꾸기 자추던 날
   네 고향 찾아드니
   샘길에 어린 네 모습

찾을 법도 하고파

흰 조고리 감장 치마
감태 같은 머리채며

물동이 옆에 끼고
거니는 양 서언한데

향남에 서린 연기는
수심인듯 이는다

뽕밭도 예와 같고
정구지밭 그저 있다.

사리문 들어스니
꽃밭도 옛모양

반기는 늙으신 양주
설은 양을 알려라.

호롱불 둘러앉아
말끝 마다 목이 멘다

헐벗든 못먹든
죽지나 말 것을

불상이 사다간 그를
더욱 설어 하였네

— 정훈, 「애화(哀話)」

이 시조는 서양의 서사시의 수법을 끌어들여 시험한 것이다. 다시 말해 이 시조에는 이야기가 이어지면서 흐르고 있다.

신석정은 『명시조 감상』(박영사, 1958)에서 "이런 서사시적 수법을 시험할 바에는 좀더 뼈저린 구절이 있었으면 싶은데 너무 평범한 것이 적이 섭섭하다."[7]라고 말하였듯이 지금의 시각에서는 평면적인 이야기로 짜여 있음이 아쉬울 뿐이다.

현대시조의 형태 실험

옛시조에서는 제목을 붙이는 사례가 드물다. 반면에 현대시조에서는 구체적인 제목을 붙인다. 옛시조에서는 행 구분이나 장 구분을 완전히 무시한 줄글이다. 반면에 현대시조에서는 3, 6, 7행 등 매우 자유롭게 행 구분을 한다. 옛시조에서는 관념과 허사를 중시했다. 현대시조에서는 실사를 중시한다. 옛시조에서는 모방 답습과 투어 난조(套語爛調), 중국적 고사와 인명 인용을 당연시하였지만, 현대시조에서는 이를 배제한다. 옛시조나 현대시조는 성격적 변모를 해 왔다.

한시나 일본의 단카[短歌], 서구의 소네트[Sonnet]는 자수를 엄격하게 강요한다. 반면에 시조는 자수를 엄격하게 강요하지 않고 탄력적인 융통성을 가미한다. 김동준은 "자수의 융통성을 터놓은 점에서 자칫 자유시화하는 경향을 보이기도 한다. 나아가서는 '양장시조'니 '사장시조'니 '단장시조'니 하는 터무니없는 그러한 장르적인 파괴나 변조는 다름 아닌 시조의 사멸이나 파기를 의미하는 것이고, 그

---

7) 위의 책, 88쪽.

것은 한 시형태(詩形態)의 우연적인 발견이거나 시조의 형식은 정형이라는 데 그 형식상의 특질이 있는 것이며, 이 정형은 바로 시조라는 양식 가치로만 파악되어지는 일인 것이다."8)라고 강조하였다.

양장시조

1930년 초에 주요한이 양장시조의 가능성을 주장하였다. 노산 이은상이 시작(試作)하여 『노산 시조집』(상옥사, 1932)에 6편을 수록하여 가능성을 널리 보여 주었다. 그 후 거의 이를 짓는 사람이 없다가 1960년대에 와서 최승범이 《시조문학》 제3집(1961.7)에 '산조'라 칭한 양장시조 「망부석」, 「정」, 「초승달」 등 3편을 발표하였고, 그의 시조집 『후조의 노래』(1968)에 발표한 겹시조 「고원의 노래」와 같이 겹시조를 지을 때 넣은 일이 있다. 1970년대 김호길이 상당한 작품을 발표하였고, 1970년대 말에 경철이 양장시조집 『백팔염주』(1977)를 냄으로 주의를 상기시키기도 했다.

정지용은 『가람 시조집』(1947, 백양당)의 발문에서 "정형시(整型詩)의 미덕이 조선에서는 3장형으로 현양된 것이니 조선적 정형시는 아직까지 시조시 이외에 타당한 시형이 발명되지 않은 것이니 전통적 시형을 추존해야 함"을 주장하였다. 이미 1932년에 『노산 시조집』(1932, 상옥사) 말미 '양장시조시작(試作)편'에 6편을 수록 발표하였다.

『노산 시조집』의 '양장시조시작편'에 양장시조 6편(「소경되어지이다」, 「달」, 「임담은 꽃봉오리」, 「사랑」, 「밤ㅅ비소리」, 「山우에 올라」)이 수록되어 있다.

---

8) 김동준, 『시조문학론』, 진명문화사, 1974, 136-137쪽.

그언제 님의 雅號 「月」字넣어 지어주고
지금도 달을바라면 그님생각 합내다

소식이 끊이오매 安否를 알길 없어
저달로 점치는줄은 님도아마 모르시리

흐린 달을보면 무삼걱정 계시온가
내맘도 깊은구름에 싸이는줄 압소서

하마 밝아지신가 창밖을 보고또 보고
새벽만 환하시오면 그제 安心 합내다.

어느땐 너무밝아 너무밝음 밉다가도
그갓븜 생각하옵고 도로축복 합내다.
(1932.3.20)

— 이은상, 「달」 전문

『명시조 감상』에서 "양장시조의 시험은 그대로 시조시단의 한 혁명적 시도(試圖)가 아니었던가 싶다."9)라며 노산 이은상의 양장시조의 시도를 높이 평가하였다. 여기서 노산 이은상의 양장시조 「달」을 조곤조곤 이야기하듯 평이하게도 간절한 심정을 허식 없이 서정(抒情)한 일품이 아닐 수 없다."10)라고 평을 하였다. 대표적인 양장시조 몇 편을 더 읽어 본다.

---

9) 이병기·신석정 공저, 앞의 책, 22쪽.
10) 위의 책, 23쪽.

뵈오려 못뵈는 님 눈감으니 보이시네
감아야 보이신다면 소경되어 지이다.
(1931.10.20)
          ― 이은상, 「소경되어지이다」 전문

임담은 꽃봉오리 무슨말슴 지니신고
피어나 뵌것일진댄 담은대로 젭소서
        ― 이은상, 「임담은 꽃봉오리」 전문

꽃은 진다고 달도 이즌다네
어즈버 님날사랑은 대일곧이 없새라

젓든꽃 다시피고 이즌달도 되둥그네
사랑은 이러할진댄 끊어섧다 하리오
            ― 이은상, 「사랑」 전문

 이은상에 이어 김해성, 정소파, 최승범, 경철 등도 양장시조를 발표하였는데 몇 편을 읽어 본다.

구구구 전설소리 산울림은 돌아온데
가을은 콩밭 두렁에서 비둘기 떼 울림에 산다.
          ― 김해성, 「비둘기」 전문

볕 창을 열고 다는 꽃같은 소망의 칠월
뜨겁고, 고운 햇발 속에 이글대는 마음이 탄다.
          ― 김해성, 「칠월」 전문

— 하늘
청자(青瓷) 고운 빛깔 구김새도 없는 자락
산 달이 무늬로 놓인 입히고픈 깁일레!

— 실솔(蟋蟀)
잔물결 일러였단 다시 잔잔(潺潺) 흐르는 강
사무친 눈물 방울이 굽이 흘러 예는 강
　　　　　　　　　　　— 정소파,「청추시초(淸秋詩抄)」전문

— 망부석
끝내는 쓸어진 넋 어이 꽃으로 될이거나
뭉쳐진 한마음 돌리려니 억겁이라 가실까

— 초승달
서슬 푸른 날로 〈뮤-즈〉를 추방하는 달
받아든 소쩍새의 피를 낚시질하는 달
　　　　　　　　　　　— 최승범,「산조(양장시조)」에서

　이상과 같이 양장시조는 여러 시인들이 타당성을 검증하기 위해 실험적 창작을 시도하였다.
　절장시조는 제4장에서 별도의 논고「절장시조란 무엇인가」에서 하이쿠와 비교하여 깊이 있게 다룬다. 4장시조는 3장에 한 장이 더 추가된 것이므로 이 글에서는 생략한다.

홑시조

  양동기가 3장 형식을 갖춘 「홑시조」라는 작품을 보여 그 이론을 개진한 바도 있다. 양장시조는 초·중장을 묶어서 전장(前章)으로 하고 중장을 아우른 것인데 「홑시조」는 전자의 1구가 초장 구실을 하고 2구가 중장 구실을 하는 방식으로 지은 것이다. 그래서 양장시조와는 확연히 구분된다.

    미래는 어서 달라하고
    과거는 못준다 하고
    조르고 버티고 하다 넘겨 주곤 간다

    과거가 주면서 하는 말
    미래가 받으며 하는 말
    부탁해! 잘 해보겠네 현재가 입회했다.

    아무리 졸라댔지만
    끝끝내 버티었지만
    일초도 어쩌지 못한 너와 그의 사이
             — 양동기, 「반시조(半時調) 제야기(除夜記)」 전문

    똑 똑 똑 문 좀 여세요
    밤중에 무슨일이요
    맛좋은 반시조(半時調) 사세요 날새거던 와요.

    저렇게 해가 돋는데
    아직도 잠을 자다니

   온 마을 문 두드려 봐도 대답없는 집 집
                 — 양동기, 「제창(提昌)」 전문

홑시조

  김호길은 시조의 종장만을 채택한 시조를 '홑시조'라 칭하며 작품을 발표하기도 했다. 종장만을 채택한 시조를 주장하는 이에 따라 절장시조 혹은 단장시조라고 칭하기도 한다.

   세월은 살같이 가고 못 건져낸 빛살 한 줌
                    — 「여울」 전문

   가슴에 도랑물 소리 눈 뜨는 소리
                   — 「우수절」 전문

   천상엔 금가루 은가루 지상엔 매운 모래풍
                   — 「스켓치」 전문

   움켜쥔 소총 끝에 피어나는 그대 보람찬 연가
                 — 「전우여, 전우여」 전문

  「여울은」 3·5·4·4로 종장만을 채택한 절장(단장)시조와 비슷하고, 「우수절」은 3·5·3·2, 「스켓치」는 3·6·3·5, 「전우여, 전우여」는 3·4·6·5 등의 파격으로 보아 절장과 동떨어져 있다.

겹시조

　겹시조는 이명길이 1960년대 초반에 제시한 바가 있었다. 1970년을 전후하여 최승범과 윤금초가 시도하였다. 윤금초는 「어초문답(魚樵問答)」에서 겹시조의 가능성을 보여 주었다. 3장과 장시조를 연형으로 구성하거나, 양장, 장시조(사설시조), 절장(단장)을 연형으로 구성하는 방법으로 각 연(수)이 어긋남 없는 율격을 갖추기도 했다. 옛 시조에서는 단시조 작품만을 연형시켰다. 반면에 현대 겹시조에서는 단시조도 장시조도 연형시킨다. 이 같은 실험은 시조 연형의 발전이라고 여겨진다. 겹시조를 옴니버스 형식의 시조, 즉 '옴니버스 시조'라고 칭하기도 한다.

　　1
　　여울져 오가는 지은 안개 눈 앞을 가린다

　　2
　　쪼달림에 겨운 서러운 초가집들
　　꽃 봉오리 부풀 듯 화사한 걸 바랄 순 없고
　　늙으신 어머니처럼 산과 들도 여위었다

　　3
　　물줄기 파고드는 인정만은 가슴 한 채
　　피오른 차 안이어도 걷히질 않는 눈안개….
　　　　　　　　　　　　― 최승범, 「고원의 노래」 전문

　섬뜩섬뜩하도록 깎아지른 멧부리의,
　허리 굽은 나무 등에 거꾸로 물구나무 서서

끝 없는 동굴에 싸인 비경(祕境)마저 펼치는가
티 하나도 사려 앉는 휘늘어진 선의 자태
가녀린 난 이파리 방정(方正)한 매무새는 우리 소저(小姐) 눈매런 듯,
스산한 바람도 재워 차마 말을 삼가고.

수석 위에 풍란 한 촉 머리맡에 좋이 두고
흉흉한 저자거리, 억새풀 시정을 헤갈대다 옆구리 살 찢어낸 꽃대
아래 깃을 접자
이 아침 개결(介潔)한 향내 아, 지천을 뒤덮는다.

난이 숨 쉰 방이어든 가슴 귀도 절로 열려.
헐벗은 나의 몸짓 덮혀오는 탄수화물,
물주고 가꾸는 공사 생활 속의 미학이다.
　　　　　　　　　― 윤금초, 「난이 숨 신 방이어든」 전문

　위와 같은 인용 시조와 정리한 글은 현대 시조사를 정리하기 위한 글이 아니라, 현대성을 수용한다는 차원에서 자유시로의 접근을 모색한 현대시조의 형태 변형을 정리하기 위한 글이다. 현대의 모든 문학 장르가 현대성을 수용했듯이 시조도 현대성을 수용하면서 새로운 형태 변형이 모색되어 왔음을 상기해 보았다.
　특히 현대시조 변혁을 표현·기교면에서 구하고, 고투의 불식으로부터 그 형식이나 형태의 혁신을 내세운 가람 이병기, 표현·기교면보다는 시어의 교체로 내용의 현대적 접근을 강조하면서, '사장시조'니, '양장시조'니 하는 새로운 시조 형태를 실험·모색했던 노산 이은상 등 여러 시조시인이 우리 현대시조사에 길이 남을 형태 실험을 시도하였음을 상기해 보았다.

현대시조의 표현 기교 실험 · 1
― 시각 서정, 난해 시조, 언어유희

　노산 이은상이 '사장시조', '양장시조' 등 새로운 시조 형태를 실험한 반면, 가람 이병기는 내용을 중시한 표현 기교면에서 실험하였다. 표현 기교 실험은 장순하가 시각적 이미지를 중시하는 '시각 서정'을, 양동기가 낯설게 하기 기법의 '난해 시조'를, 이명길과 조오현이 문자 놀이 방식의 '언어유희'를 시도했다. 이 글에서 현대시조가 자유시처럼 시각 서정, 난해 시조, 언어유희를 시도한 것에 대해 제한적으로 살펴보고자 한다.

시각 서정(視覺抒情)

　　눈보라 비껴 나는
　　全 ― 群 ― 街 ― 道

　　퍼뜩 車窓으로 스쳐가는 人情아!

　　외딴집 섬돌에 놓인

```
┌─────────────┐
│   하   나   │
│      둘     │
│   세 켤레   │
└─────────────┘
```

— 장순하, 「고무신」 전문

　월하 리태극이 장순하의 시조집 『백색부』(1968)에 수록된 「고무신」에 대해 '시각 서정'이라고 정의하였다. 이 시조는 자유시와 같은 시각적 회화성의 기사 방법을 채택하였다. "全 ― 群 ― 街 ― 道"라는 전군가도(전주-군산간 도로) 사이의 줄표(―)는 직선 도로와 속도감의 시각적 효과를 위한 장치이다. "외딴집 섬돌에 놓인" 고무신 세 켤레를 형상화하기 위해 사각형으로 섬돌을 입체화하였고, 섬돌 위에 크고 작은 고무신 세 켤레가 놓인 것처럼 글씨체와 띄어쓰기를 이용해 "하 나 / 둘 / 세 켤레"라며 시각화하였다. 화자가 차창으로 내다본 외딴집에는 세 식구가 사는 듯하다. 앞줄의 큰 고무신 한 켤레는 아빠의 고무신이고, 가운뎃줄의 고무신 한 짝은 어린아이가 헐레벌떡 벗어 놓은 듯, 한 짝이 뒷줄에 놓여 있다. 뒷줄에 엄마 고무신 한 켤레는 아이 고무신 한 짝과 사이좋게 놓여 있다. 시인은 '외딴집'이라는 외로운 서정을 섬돌에 놓인 고무신 세 켤레라는 입체적 시각화를 통해 따뜻하고 행복한 집이라는 인정 넘치는 서정으로 반전시켜 놓았다.

난해 시조

문을 열면 신편수학 책 입체로 쓴 집합이론
플러스 1 플러스 2 플러스 3 플러스 4……
여기는 +1=+N 그러므로 A=M

너머쪽 페이지는 안보아도 알겠다.
마이너스 1 마이너스 2 마이너스 3 마이너스 4……
거기는 -1=-N 그러므로 A=W

수많은 원소들이 수학을 연출했다.
교집합은 없을까 짝지어 보랬으나
어디나 +N≠-N 그러므로 ∩=∅

— 양동기, 「목욕탕 풍경」 전문

 인용 시조는 이상의 시와 닮아 있다. 수학적 기호를 이해하지 못하면 아주 난해하다. 본문만 읽어 보면 수학 책 속의 이야기이다. 하지만 「목욕탕 풍경」이라는 제목에 눈을 돌리는 순간 모든 것이 풀린다. 수학 공식과 목욕탕과의 결합을 통한 새로운 의식을 지향한다. 1연은 남탕의 풍경을, 2연은 여탕의 풍경을 기호로 나타낸 것이다. 1연의 "플러스 1, 2, 3, 4……"는 남자를, 2연의 "마이너스 1, 2, 3, 4……"는 여자를 의미한다. 1연의 "+1=+N 그러므로 A=M"는 하나가 더 달린 남자(Man)를, 2연의 "-1=-N 그러므로 A=W"는 하나가 덜 달린 여자(Woman)를 의미한다. 3연의 "+N≠-N 그러므로 ∩=∅"는 남자와 여자가 같을 수 없고, 같은 곳에 집합할 수 없다는 의미이다. 즉, 남녀 유별하니 남탕과 여탕을 분리할 수밖에 없음을 수학적 기호로 상징화한 것이다.

언어유희

시조에서 언어유희는 시적 가치를 감소시킬 수 있다. 아무런 의미 없는 문자 놀이로 전락할 수 있기 때문이다. 이들 실험 시조는 시적 미학과는 동떨어져 있다. 비시적 낱말 나열이 의미하는 것이 과연 무엇일까?

1
나나나 너너너 그그그 저저저
너너너 그그그 저저저 나나나
그그그 저저저저저 나나나나 너너너.

2
男男男 女女女 男女女男 女男男女
女女女 男男男 男男女女 男女女男
男女男 女男女男女 男男女女 女女男男.

3
天地玄黃 天地玄黃 天地玄黃 天地玄黃
春夏秋冬 春夏秋冬 春夏秋冬 春夏秋冬.
天地間, 玄黃春夏秋冬 天地玄黃 春夏秋冬

4
웃음은 네웃음과 코웃음과 너털웃음.

絶笑와 奸笑와 失笑와 窮笑에
笑笑笑 웃음웃음웃음 웃음 웃음 笑笑笑.

5
東西東西 南北南北 西東西東 北南北南
黃黑紅白 黑白黃紅 白黃黑紅 黑白紅黃
東西는 黃黑白紅也 南北 또한 有感也
　　　　　　　　　　　— 이명길, 「생기하학」 전문

히히히 호호호호 으히히히 으허허허
하하하 으하하하 으이으이 이흐흐흐
껄껄껄 으아으아이 우후후후 후이이

약없는 마른 버짐이 온몸에 번진 거다
손으로 짚는 육갑 명시 박힌 전생의 눈이다
한 생각 한 방망이로 부셔버린 삼천 대계여
　　　　— 조오현, 「심우도(尋牛圖) — 인우구망(人牛俱忘)」 전문

　이명길의 「생기하학」, 조오현의 「심우도 — 인우구망」에서 동일 낱말의 반복 배열이 단순한 언어유희에 그치는 것인지 아니면 시적 가치와 관련성이 있는 것인지 난해하기만 하다.
　「생기하학」의 1수는 '나'와 '너'의 두 존재 사이에 '그'와 '저'가 놓여 있다. 나와 너 사이에 온갖 일이 일어나지만, 결국, '너'와 '나'는 한곳에 존재한다는 의미는 아닐까? 여기서 '그'와 '저'가 의미하는 것은 영남 지방의 '그곳, 그것, 저곳, 저것'을 의미한다. 호남과 호서 지방의 '거시기'와 같은 의미이다. 2수의 '男'과 '女'의 한문 배열은 남자와 여자가 조화를 이루며 살아가는 것이라는 의미로 읽힌

다. 3수의 '天地玄黃 春夏秋冬'의 배열은 우주관·자연관·시간관을 표현한 것이다. 4수의 순우리말 '웃음'과 한문 '笑'의 배열은 웃으며 살자는 의미로, 5수의 '東西南北 黃黑紅白'의 한문 배열은 동양적 공간 의식과 색채에 대한 미감을 다양한 의미로 표현한 것이다.

「심우도 ― 인우구망」의 1연은 남녀노소의 웃음에 대한 '의성어'의 나열을 통해 행복한 삶을 표현한 것이고, 2연은 사찰의 벽화에서나 볼 수 있는 심우도의 인우구망을 보며 비로소 완전한 깨달음을 얻었다는 의미를 담아 놓았다.

현대시조가 자유시처럼 시각 서정, 난해 시조, 언어유희 등 여러 실험을 시도하였다. 개념적인 관념시에서 낭만주의적 서정성, 난해성, 형이상적인 사고의 폭으로 전환하는 긍정적 측면이 있지만, 시조가 완결을 추구하는 미완의 시형(완결 시형이라는 주장도 있음)이기 때문에 시적 완결을 향한 표현 기교 실험이 부단하게 이루어질 수밖에 없다는 부정적인 측면도 있다. 이런 실험을 통해 시조가 다양한 시적 요소를 폭넓게 끌어안을 수 있는 융통성을 확보한 것 자체가 현대성을 수용한 것이다.

현대시조의 표현과 기교 실험 · 2
─ 시작 메모, 문장부호 등

　이 글에서 현대시조가 자유시처럼 시작 메모 달기, 문장부호 사용, 문장부호 · 언어유희 · 형태 실험의 혼용 등 다양한 표현 기교로 내용을 실험한 것에 대해 제한적으로 살펴보고자 한다.

주석 또는 시작 메모 달기

　현대시조도 자유시의 영향을 받아 시작 메모 형식을 부제처럼 달아 놓은 경우가 있다. 이것은 시인의 시적 의도를 이해하는데 도움을 주기 위한 시적 장치인 것이다.

　　　─ 그는 이미 태안에서 외로움과 슬픔을 가져나오고 다시 뼈저린 아픔과
　　　온갖 찝쩍임 속에 사는지라 그의 지닌 바 모든 애정(愛情)은 오로다
　　　　　　　　　　　　　　　애정(哀情)이었도다

　　꽃피자 비바람도 어찌 이리 잦을런가
　　성기고 어린가지 부질없이 흔들어서

오가는 진흙발 아래 이리저리 밟힌다
— 김상옥, 「애정」 전문

— 높은 산 깊은 속에 맑게 피는 진달래는 내 아버지께서 사랑하시는 꽃중의 하나이다

진달래 다시 피니 님 뵈올 듯 반가왜라
반가운 눈물방울 꽃가지에 듣노매라
계신 제 이꽃이 피면 그리 반겨 하시돗다
(1929.4.5)
— 이은상, 「진달래 — 피는 꽃 앞에서(1)」 전문

외고 남북은 멀고 아직도 밤은 길다
어린 손녀와 그 방에 홀로 누워
청매화 그것을 보고 날아가도 여기는

— 고향서 온 병옥(秉玉)의 말에 처가 전주 가서 양사재서실(養士齊書室)의 청매가 만발한 걸 보고 나를 생각했다 한다(신조, 제4집, 1957.4.20)
— 이병기, 「청매(靑梅)」 전문

초정 김상옥, 노산 이은상, 가람 이병기가 자유시처럼 시작 메모를 달았음을 알 수 있다. 이런 시도에 대해 옳고 그름을 따지기 이전에 왜 이들은 시작 메모를 달았을까? 아마도 시인의 시적 의도를 독자에게 알리려는 의도였을 것이다. 분명한 것은 사족을 단 꼴이다. 자유시에서도 특수한 경우를 제외하고는 시작 메모를 다는 것을 바람직하지 못한 행위로 본다. 시라는 문학 양식은 있는 그대로 놓

아두어야 깊은 맛이 난다. 백 사람이면 백 가지의 해석이 나와야 시다운 시이기 때문이다.

문장부호

　　보시소 돌부처님! 당신동네는 물 나옵데꺼?
　　오늘 아침 학용품대 어떻게 줬는게오?
　　바가지 긁는 소리를 두 귀 막고 들엇능게오?

　　보시오 돌부처님! 당신도 세금나왔습데꺼?
　　쓰레기 차는 일 년 치고 몇 번이나 오등게오?
　　하도 하 어이가 없어 먼산만 바라 보능게오?
　　　　　　　　　― 조종현, 「돌부처 보시오·1」 1, 2수

조종현의 「돌부처 보시오·1」는 4수, 「돌부처 보시오·2」는 7수이다. 그 모두가 문장부호 '!'와 '?'를 일관되게 채택하고 있다. 시조에서 잘 채택하지 않던 문장부호를 사용한 것은 현대성의 반영이라 볼 수 있다.

문장부호 · 언어유희 · 형태 실험의 혼용

　　바보 바보 바보바보 바보바보 바보
　　바보 바보 바보바보 바보바보 바보
　　바보야 바보바보바보 바보바보 바보

바보 바보 바보바보 바보바보 바보
바보 바보 바보바보 바보바보 바보
바보야 바보바보바보 바보바보 바보

바보야
바보 바보 바보
바보
바보야
〈인간은 모두 영재다 그리고 모두 바보다〉

― 이명길, 「영재(英才)」 전문

「영재」의 1, 2연은 각 3장으로 구성하였으나, 3연은 절장(단장)만으로 구성하였다. 이같이 형태 실험을 하면서 마지막에 시조의 형식과는 무관한 〈인간은 모두 영재다 그리고 모두 바보다〉라며 문장부호 꺾쇠표 〈 〉 안에 이 시조의 난해성에 대한 이해를 돕는 부연 설명을 붙여 놓았다. 이것은 '바보'라는 낱말 배열의 언어유희에서 오는 무의미에 대한 의미를 부여한 것이다.

현대시조의 표현 기교 실험은 자유시처럼 시작 메모 달기, 문장부호 사용, 문장부호·언어유희·형태 실험의 혼용 등 다양하게 진행되어 왔다. 현대시조가 시적 완결성을 향한 끊임없는 변화를 시도하고 있는 것은 매우 고무적인 가치 있는 활동이다. 시조의 표현 기교 실험에 대한 인용 시조만으로도 시조를 공부하는 이에게는 약간의 도움이 되기를 기대해 본다.

시조의 시간성 읽기
― 시절가의 시절을 읽다

옛시조를 접하는 순간 이해하기 어렵다고 누구나 느낀다. 그 이유는 옛시조에 숨어 있는 작가의 심경과 명확한 의미를 읽어 내지 못하기 때문이다.

그것은 학교 교육에서 옛시조를 입시 위주로 배웠던 탓도 있다. 작품 속 주제와 소재를 골라내거나, 지조에 대한 감상 정도가 전부였던 학교 교육이 시적 감수성을 말라 버리게 한 것일 수도 있다.

옛시조를 쉽게 읽는 방법이 없을까 고민하던 끝에 옛시조가 시절가임을 간과해 왔던 것을 알게 되었다. 시절가이므로 작품 속 시절을 읽어 내면 모든 것이 쉽게 풀리는 것은 당연한 이치이다.

옛시조를 읽다 보면, 옛 어른들이 시조를 지어 부른 봄, 여름, 가을, 겨울로 갈마드는 네 계절뿐만 아니라, 그들이 처했던 시대와 판국까지도 생생히 접할 수 있다. 그래서 시절가라 일컬었을 것이라는 추측이 가능해진다.

'시조'라는 말은 '시절가'라는 말의 함축적 별칭이다. 조선의 이학규(李學逵)가 그의 한시구(漢詩句)에 '시조'라는 용어를 사용하였다. '시조는 또한 이름 하기를 시절가라 한다(時調亦明時節歌)'라는 주를 달아 놓기도 했음을 다시 상기해 본다.
 옛시조 속에서 시절이라는 시간성을 정확히 읽어 낸다면 좀 더 쉽게 작품을 감상할 수 있을 것이라는 작은 결론에 도달한다.

옛시조의 시간성 읽기

 일본의 하이쿠는 계절을 나타내는 기고[季語]라는 계절어와 구를 강제로 끊어 강한 영탄이나 여운을 남기는 기레지[切れ字]라는 조사나 조동사를 반드시 넣어야 했다. 하지만 근세에 들어 가와히가시 헤키고토[河東碧梧桐](1873~1937)가 계절어와 정형의 구속에서 벗어난 신경향 하이쿠 운동을 일으켰고, 그 추종 일파에 의해 영향을 받은 시인은 지금까지도 하이쿠의 여러 제약 요소를 뛰어넘은 하이쿠를 창작하기도 한다.
 일본의 하이쿠와는 달리 우리 옛시조에서는 별도로 언어에 대한 제약이 없었다. 옛시조가 지조를 읊었던 시절가라서 시간성이 계절어로 녹아들어 있는 사례가 많다. 특히 서경적·서정적 옛시조에서 계절이 뚜렷하게 나타나는 경향이 있다. '춘하추동(春夏秋冬)'처럼 계절을 직접 나타내는 '직접 계절어'와 '매화, 매미, 단풍, 눈' 등과 같은 계절을 간접적으로 나타내는 '간접 계절어'로 구분할 수 있다. '새벽, 아침, 저녁, 낮, 밤' 등과 같은 비교적 짧은 시간을 직접 나타내는 시어는 '직접 시간어', '햇살, 달빛, 노을' 등과 같은 간접적으로 짧은 시간을 나타내는 시어를 '간접 시간어'로 구분할 수 있다.
 옛시조에서 계절을 나타내는 '계절어'를 하이쿠처럼 사계절만으로 한정하여 일컫는다면 상상력의 폭이 너무 제한적이라서 비교적 긴 시간성의 시어를 포괄하여 '시절어'라고 함이 마땅하리라 여겨진다. 물론 비교적 짧은 시간성의 '시간어'를 '시절어'라는 범주에 넣기에는 의미상 적합하지 않다고 여겨진다.

이 글에서 옛시조에 숨 쉬고 있는 비교적 긴 시간성의 시어를 '시절어'라고 칭하여 본다. '춘하추동(春夏秋冬)' 사계절, '정월, 동짓달'과 같은 월, '단오, 추석'과 같은 명절 등이 직접 등장한 시간성의 시어를 '직접 시절어'라고 칭하고, '매화(봄)', '매미(여름)', '단풍(가을)', '눈(겨울)', 모내기(봄), 가을걷이(가을) 등 간접적으로 시간성을 나타내는 시어를 '간접 시절어'라고 칭한다.

이러한 주장의 배경에는 옛시조 대부분이 별도의 제목이 없이 전래되었지만, 후대에 시간성을 나타내는 '매화', '노고지리' 등과 같이 간접적으로 계절을 나타내는 시어를 기준으로 하여 표제로 삼아 붙인 예가 많기 때문이다. 이것은 일본 하이쿠 역시 제목이 없으나, 작품을 식별하기 위한 목적으로 기고[季語]를 중심으로 제목을 붙이는 것과 같은 맥락인 것이다.

이 글에서 옛시조의 시절어를 사계절을 중심으로 도출해 내어 시조의 참맛을 느껴 보려 한다. 계절별 시조 두세 수를 예시하면서 제한적으로 읽어 본다.

봄[春]

    춘창(春窓)에 늦이 일어 완보(緩步)하여 나가보니
    동문유수(洞門流水)에 낙화 가득 떠 있구나

저 꽃아 선원(仙源)을 남 알세라 떠나가지 말아라
― 김천택

초장의 '춘창'이 직접 시절어이고, 중장의 '낙화', 종장의 '꽃'이 간접 시절어이다. 이 시조는 초·중장에서 서사 구조이다가 종장에서 작자의 심중을 확연히 드러내 보인다.
"봄볕이 들어오는 창문에 늦게 일어나 느린 걸음으로 나가 보니, 마을 어귀 흐르는 물 위에 떨어진 꽃잎이 가득 떠 있구나. 저 꽃아, 신선의 세계를 남이 알아차릴 수 있으니 떠나가지 마라."라고 해석해 본다. 종장에서는 꽃에 대한 작자의 마음속 바람이 녹아들어 있다.

봄비 갠 아침에 잠 깨어 일어보니
반개화봉(半開花峰)이 다토와 피는고야
춘조(春鳥)도 춘흥(春興)을 못 이기어 노래 춤을 하는져
― 김수장

초장의 '봄비', 종장의 '춘조'(봄의 새), '춘흥'(봄에 일어나는 흥결)이 시절어이다. 이것들은 합성어로서 직접 시절어와 간접 시절어가 결합되어 있는 모습이라고 보아도 무방하다. 이 시조는 3장 모두 있는 그대로의 서사 구조이다. 봄비가 내린 후 "갠 아침에 잠을 깨어 일어나 보니, 반쯤 벙근 꽃봉오리가 앞 다투어 피는구나, 봄새도 봄의 흥에 취하여 조잘거리며 노래하고 날갯짓하며 춤을 추는구나"라며 자연과 사물이 보이는 그대로를 노래하고 있다. 이 시조에서 '아침'이라는 직접 시간어는 '봄'이라는 포괄적인 시절어의 의미를 딛고 올라설 수 없는 보조적인 시간성의 시어 역할만 하고 있다.

간밤 오던 비에 앞내에 물 지거다
등 검고 살진 고기 버들 넢에 올라괴야
아희야 그물 내어라 고기잡이 가자스라

— 유숭

 이 시조에서는 특이하게 시절어가 겉으로 드러나지 않고 숨어 있다. 그래서 "등 검고 살진 고기"가 무슨 물고기인지를 읽어 내기만 한다면 시간성은 아주 쉽게 풀린다. 초장의 '간밤 오던 비'만으로는 계절을 알 수 없다. 중장의 '등 검고 살진 고기'가 '버들 넢에 올라괴야'에서 이 물고기가 '쏘가리'임을 짐작할 수 있다. 쏘가리가 살이 오른 시기와 버들 너겁(넢)이 드리워지는 시기가 이 시조의 시간이다. 그 시간은 5, 6월 늦봄이다. 이때 쏘가리는 산란기이며 살이 많이 올라 가장 맛이 있을 때다. '쏘가리(늦봄)'가 간접 시절어인 것이다.
 "간밤에 오던 봄비에 앞내의 물이 불어난다. 등 검고 살진 쏘가리가 버들 너겁이 있는 곳에서 파드닥거린다. 아희야 그물을 내어 가지고 오너라. 고기잡이 가자꾸나."라고 해석해 본다. 종장에서 쏘가리 잡이는 봄맞이 놀이의 일종이다. 가을에 미꾸라지가 제맛이듯 봄철에 쏘가리가 제맛이다.
 물론 쏘가리는 사계절 모두 볼 수 있는 물고기이다. 하지만 가장 왕성한 활동을 하는 시기가 늦봄인 것이다. 우리는 '종다리'라고 하면 쉽게 봄을 연상한다. 종다리는 사계절 모두 볼 수 있지만, 봄에 짝짓기를 위해 높이 날며 울어 대는 소리 때문에 봄을 알리는 대표적인 새로 인식하고 있다. 이것과 마찬가지로 쏘가리는 늦봄을 떠올리게 하는 물고기인 것이다.

여름[夏]

　　굼뱅이 매미 되어 나래 돋쳐 날아 올라
　　높으나 높은 낡에 소리는 좋거니와
　　그 위에 거미줄 있으니 그를 조심하여라
　　　　　　　　　　　　　　　　― 작가 미상

　초장의 '매미', 중장의 '매미 소리', 종장의 '거미줄'은 간접 시절어이다. '매미'와 '거미'는 모두 여름을 뜻하는 곤충이다.
　이 시조에는 삶에 대한 교훈이 담겨 있다. "굼뱅이가 우화하여 날개가 돋쳐 매미가 되어 나무 위에 날아올라, 높고 높은 소리를 내고 있으니 참으로 좋다. 하지만 그 위에 거미줄 있으니 조심하여라"며 어느 선비에게 경고의 메시지를 보내고 있다. 이 시조는 인간의 삶이 먹이사슬과 같이 곳곳에 위험이 도사리고 있다는 뜻을 담고 있다. 매미는 청렴과 선비를 상징하는 곤충이다. 제아무리 선비 같은 청렴한 기상을 가졌다 하더라도 악의 덫에 걸려 들 수 있으니 조심하라는 교훈이 담겨 있다.

　　내 한 날 산깁적삼 빨고 다시 빨아
　　되나 된 볕에 말리고 다료이 다려
　　나난듯 날랜 어깨 걸어두고 보소서
　　　　　　　　　　　　　　　　― 정철

　초장의 '산깁적삼'은 '생못옷'이다. 이것은 여름에 입는 옷이다. 중장 '되나 된 볕'은 '뙤약볕'을 뜻한다. 이것은 대낮이라는 '간접 시간어'임과 동시에 여름이라는 계절을 뜻하는 간접 시절어이다.

"내 모시옷 한 벌을 빨고 다시 빨아, 뙤약볕에 말리고 다리고 다려서, 나는 듯 날랜 어깨에 걸어두고 보소서"라며, 작자는 무더운 여름철에 시원한 모시옷을 걸쳐 입고 여름나기를 바라고 있는 듯하다.

가을[秋]

    팔월 한가윗날 어찌 삼긴 날이완대
    무심한 달빛은 오늘밤에 최밝은고
    임 그려아득한 마음을 밝히는 듯하여라
                                 ― 작가 미상

'팔월 한가윗날'은 '가을'을 나타내는 직접 시절어이다. "팔월 한가윗날 얼마나 기다린 날인데, 무심한 달빛은 오늘밤에 더욱 밝은가, 임 그려 아득한 마음을 밝히는 듯하여라."라고 조정에서 물러나 있는 벼슬아치가 임금을 그리워하는 마음이 담겨 있다. 이것이 아니면 귀양살이를 하고 있는 자가 억울함을 밝혀 주기를 바라는 마음일 수도 있을 것이다.

    임 그린 상사몽(相思夢)이 실솔의 넋이 되어
    추야장(秋夜長) 깊은 밤에 임의 방에 들었다가
    날 잊고 깊이 든 잠을 깨워 볼까 하노라
                                 ― 작가 미상

초장의 '실솔'(귀뚜라미)은 간접 시절어이다. 귀뚜라미 울면 가을이다. 중장의 '추야장'(가을의 긴 밤)이 직접 시절어이다. 이 시조는 임을 그리는 정(情)의 노래이다.

"임 그린 상사몽이 귀뚜라미의 넋이 되어, 긴긴 가을밤 깊은 밤에 임의 방에 들었다가, 날 잊고 깊이 든 잠에서 깨어 볼까 하노라"라며 긴긴 가을밤의 쓸쓸함을 노래하고 있다.

겨울[冬]

동짓달 기나긴 밤을 한 허리를 베어내어
춘풍이불 아래 서리서리 넣었다가
어촌님 오신날 밤이여드란 굽이굽이 펴리라
― 황진이

가람 이병기는 이 시조를 놓고 "우리 시조시사에서 최고의 걸작이요, 최고 절창"이라 했다. 이 시조에서 '동짓달'은 '겨울'의 직접 시절어이다. '춘풍이불'은 훈훈한 이불이라는 뜻의 '겨울'을 뜻하는 간접 시절어이다.

산촌에 눈이 오니 돌길이 무쳐세라
시비(柴扉)를 여지 마라 날 찾을 이 뉘 있으리
밤중만 일편명월이 긔 벗인가 하노라
― 신흠

초장의 '눈'은 '겨울'의 간접 시절어이다. 눈이 내리면 겨울이다.

물론 봄눈도 내리지만 대체로 겨울이다. 이 시조는 정적인 겨우살이의 서정이 담겨 있다.

"산촌에 눈이 내리니 돌이 묻혀 버렸다. 사립문을 열지 마라. 날 찾을 이 아무도 없으리. 한밤중에 한 조각 밝은 달이 내 벗인가 하노라."라고 해석해 본다. 깊은 산촌에 눈이 많이 내려 돌이 묻혀 버렸다. 그 정도로 눈이 내렸다면 길을 식별할 수 없을 정도일 것이다. 그래서 아무도 찾는 이가 없을 것 같으니 사립문을 닫아 놓고, 설야(雪夜)에 쏟아지는 달빛을 벗 삼아 외로움을 달래 보려는 심정을 풀어 놓은 것이다.

옛시조 작법에 시간성을 포함시켜야 한다는 이론적 근거가 없었음에도 앞에서 읽어 본 바와 같이 시간성이 직·간접으로 포함되어 있다. 옛시조는 시절가이기 때문에 시간성이 당연히 포함되어 있을 수밖에 없다. 유승의 '쏘가리'처럼 독자가 시간성을 유추해야 하는 경우도 있다.

독자의 입장에서 시절어를 도출해 내어 보면, 옛시조의 시간 배경과 작자의 심경과 의도를 이해하는 데 도움이 된다. 어떻게 보면 시간성을 읽어 내는 것이야말로 옛시조 작품의 시적 미학을 올바로 이해하는 첫걸음일 수도 있다.

현대시조는 시절가로서 문학 양식보다는 형이상적인 미학을 추구하는 경향이 더 짙으므로 굳이 시간성에 집착할 필요가 없다. 옛시조를 감상하는 기법으로 적용해 봄이 좋을 듯하다.

제3장 실험시 읽기

　서구의 해체시는 대상 그 자체를 해체함으로써 해체의 흔적까지 지워 버리는 것이 특징인 반면에, 우리의 해체시는 해체의 대상을 시의 전면에 강하게 내세움으로써 불완전한 해체라는 특징을 지닌다. 이것은 우리의 해체시가 독일의 구체시나 형상시의 한 변형이 아닌 독창성을 내세웠기 때문이다. 그래서 서구의 해체시가 해체를 극단으로까지 확장해 나가는 강한 힘을 발휘한 것과는 달리, 우리의 해체시는 대상을 염두에 둔 해체라는 점 때문에 더는 확장해 나가지 못하는 불완전성을 드러낸 것이 특징이다.

1980년대 해체시 읽기
─ 기성품을 중심으로

오규원의 시집 『가끔은 주목받는 生이고 싶다』(문학과지성사, 1987)에 기성품(ready-made)을 모방한 회화적 구성의 시가 여러 편 수록되어 있다. 두 편을 읽어 본다.

①
1. '양쪽 모서리를
   함께 눌러주세요'

   나는 극좌와 극우의
   양쪽 모서리를
   함께 꾸욱 누른다

2. 따르는 곳
   ⇩

   극좌와 극우의 흰
   고름이쭈르르쏟아진다

3. 빙그레!
   － 나는 지금 빙그레 우유
   200ml 패키지를 들고 있다
   빙그레 속으로 오월의 라일락이
   서툴게 떨어진다.

4. ⇨

5. ⇨를 따라
   한 모서리를 돌면

   빙그레 － 가 없다

   다른 세계이다

6. ⇧ 따르는 고름 따르지 않고
   거부한다

   다른 모서리로 내 다리를
   내가 놓는 오월의 음지를
   내가 앉는 의자의
   모형을 조금씩 더
   옮긴다…… 이 **地上**
   이 **地上** 오월의 라일락이
   서툴게 떨어진다
   　　　　　－ 오규원, 「빙그레 우유 200ml 패키지」 전문

②

　　　—MENU—

　　　샤를르 보들레르　　800원
　　　칼 샌드버그　　　　800원
　　　프란츠 카프카　　　800원

　　　이브 본느프와　　1,000원
　　　에리카 종　　　　1,000원

　　　가스통 바쉴라르　1,200원
　　　이하브 핫산　　　1,200원
　　　제레미 리프킨　　1,200원
　　　위르겐 하버마스　1,200원

시를 공부하겠다는
미친 제자와 앉아
커피를 마신다
제일 값싼
프란츠 카프카

―「프란츠 카프카」 전문

　①과 ②의 시는 기성품(ready-made)을 모방한 회화적 구성의 시이다. ①은 '빙그레 우유 200ml 패키지'에 개방을 위해 순서를 설명해 놓은 '1, 2, 3, 4, 5, 6'이라는 숫자 뒤에 있는 설명 문안을 모방한 시이다. 우유 패키지에 표시된 숫자와 화살표 '⇩', '⇨', '⇧'를 이용한 설명 문안의 인용적 묘사를 해 놓고, 시인이

"나는 극좌와 극우의/ 양쪽 모서리를/ 함께 꾸욱 누른다", "빙그레 — 가 없다"라는 식의 해설을 가하는 직접 해설자로 개입한다. 그래서 시인은 우유 패키지라는 기성품 모방을 통해 이념적 극좌와 극우를 겹쳐놓고 설명하고 있다.

②는 메뉴판 형식의 회화적 구성을 한 시이다. 낯익은 메뉴판처럼 규격화한 회화적 구성으로 시화하여 낯설게 만들고 새로움을 추구한 시이다. 시인은 음식 혹은 음료의 명칭이 들어가야 할 곳에 사람의 이름으로 대체해 놓았다. 이것은 사람이 상품과 별반 다름없음을 풍자한 것이다.

①
廣漠한地帶이다이루기
시작했다잠시꺼밋했다
十字型의칼이바로꼽혔
다견고하고자그마했다
흰옷포기가포겨놓였다
돌담이무너졌다다시쌓
았다쌓았다쌓았다돌각
담이쌓이고바람이자고
틈을타凍昏이잦아들었
다포겨놓이던세번째가
비었다.

— 김종삼, 「돌각담」

②
4317년 5월
오월에 교황이 오고 한국은

거국적으로 환영했다
(……)

오월에 교황이 오고 한국에는
구름떼
구름떼
구름떼
구름떼
구름떼
구름떼
구름떼
(이하 각각 다른 '구름떼' 13번 생략)
교황을 따라 이동했다
교황이 오는 방향으로 길이 열리고
그 방향으로 달리는
발자국 소리
발자국 소리
발자국 소리
발자국 소리
발자국 소리
(이하 각각 다른 '발자국 소리' 13번 생략)

몇 개 남지 않았던 우리집
개나리 꽃이 진다
지는 우리집의 꽃 사이로
오월에 교황이 오고
꽃 지는 봄이 오고

— 오규원, 「서울 · 1984 · 봄」

시 ①은 돌을 차곡차곡 포개어 쌓아놓은 것처럼 띄어쓰기를 포기한 탄탄하고 견고한 돌각담의 형태를 취한 시각적 배열을 한 시이다. 시 ②는 '구름떼'라는 시각적 감각과 '발자국'이라는 청각적 감각을 시각화한 시이다. "구름떼"를 한 행으로 7번 배열 후 "(이하 각각 다른 '구름떼' 13번 생략)"이라는 장치로 독자에게 각각 다른 구름떼를 생각하며 13번을 더 읽어 보도록 유도하여 시각적 효과를 확대하려 했다. 그리고 "발자국 소리"를 한 행으로 5번 배열 후 "(이하 각각 다른 '발자국 소리' 13번 생략)"이라는 장치로 각각 다른 발자국 소리를 생각하며 13번을 더 읽도록 유도하며 청각적 효과를 확대하려 했다.

1984년(단기4317) 절망에 빠진 서울, 그해 오월에 평화의 상징인 교황(요한 바오르 2세)이 방한했다. 그 오월의 하늘에 구름떼가 여기저기 자유롭게 떠가는 모습처럼 시행을 시각적으로 배열하고 있다. 그리고 여의도 광장에서 평화의 미사를 마친 교황이 투명한 방탄유리 속에서 손을 흔들며 군중 사이로 빠져나간다. 그 차량 행렬을 따라 움직이는 경호원들의 "발자국 소리"가 여의도 광장 아스팔트 위에서 여기저기 청각적으로 들려오면서 분주하게 움직이는 모습이 시각적으로 보이는 듯하다.

서구의 해체시는 대상 그 자체를 해체함으로써 해체의 흔적까지 지워 버리는 것이 특징인 반면에, 우리의 해체시는 해체의 대상을 시의 전면에 강하게 내세움으로써 불완전한 해체라는 특징을 지닌다. 이것은 우리의 해체시가 독일의 구체시나 형상시의 한 변형이 아닌 독창성을 내세웠기 때문이다. 그래서 서구의 해체시가 해체를 극단으로까지 확장해 나가는 강한 힘을 발휘한 것과는 달리, 우리의 해체시는 대상을 염두에 둔 해체라는 점 때문에 더는 확장해 나가지 못하는 불완전성을 드러낸 것이 특징이다.

박남철의 해체시 읽기
— 기성품 모방을 중심으로

　실험시가 끊임없이 고개를 내미는 원인이 무엇일까? 전통적 시법에 단순한 반항일 수도 있고, 치밀한 반역일 수도 있다. 하지만 논리적이든 난삽하든 나름대로 이유와 체계를 갖추고 등장한다. 그래서 새로운 실험시가 등장하면 시작법의 옳고 그름을 떠나 신선한 충격으로 받아들이게 된다.
　실험시는 언어, 의미, 문법, 이미지 등을 '파괴' 또는 '해체'하려는 시일까. 아니면 새로운 언어, 의미, 문법, 이미지를 선도하는 시일까. 이 모두 일리가 있다.
　시란 무엇인가. 어떠한 정의를 내려도 정답일 수는 없다. 정설과 공식이 없기 때문이다. 시는 한자리에 머물지 않고 움직인다. 시란 새로운 질서를 향해 앞으로 나아간다. 시인은 새로운 언어, 의미, 문법, 이미지 등을 창조해내고 새로운 형태, 구조, 사상, 관념 등을 창조해 나가고자 하는 에너지를 발산한다. 시라는 문학 양식은 한자리에 머물지 않고, 끊임없이 새로움을 찾아 움직이는 생명체와 같은 것이다.
　시의 새로운 질서를 만들어 나가는 시인들의 창조적 상상력과 창조의 가능성을 열어 놓는 선구자적 노력은 찬사를 받을 만한 일이다. 우리 모두 그 가능성에 동승할 필요가 있다. 어쩌면 모든 시인이 의식적이든 무의식적이든 한번쯤 모방적 실험시 창작을 통해 실험시를 찬동하고 있는지도 모를 일이다.

단시와 장시만을 국한하여 언급하더라도 어떤 시인은 더 **짧게** 줄이고, 어떤 시인은 더 길게 늘이려고 애를 쓴다.

낯선 시

시인 이상 이후 처음으로 1980년대 황지우가 의미심장한 '낯선 시'를 제시하여 우리 시단을 당혹스럽게 만들었다. 이어서 박남철이 '낯선 시'에 동조하는 형태시를 들고 나타났다. 그는 잠재의식에서 추출되는 이미지들을 일정한 논리적 규칙 없이 마구 옮겨 놓는 자동기술법(自動記述法, automatisme)과 신문지·인쇄물 등을 아무렇게나 오려 붙이는 데쿠파주(Découpage-montage) 혹은 콜라주(collage) 등의 수법을 채택하여 시화하였다. 한국 사회의 일그러진 모습을 이러한 실험적 수법으로 시화한 것이다. 조롱하고 야유하는 수법으로 접근하고 있다.

> 내 시에 대하여 의아해 하는 구시대의 독자놈들에게 — 차렷, 열중쉬엇, 차렷,
> 이 좆만한 놈들이 —
> 차렷, 열중쉬엇, 차렷, 열중쉬엇, 정신차렷, 차렷 00,
> 차렷, 헤쳐모엿!

― 박남철, 「독자놈 길들이기」에서

「독자놈 길들이기」는 전통적 시와는 판이하게 다른 천박한 욕설과 야유를 혼합한 낯선 시이다. 박남철이 무차별적인 욕설과 야유를 통해 얻고자 했던 것은 무엇일까? 아마도 낯설고 새로운 시를 통해 문학적 충격을 형성해 나가고, 그를 통해 독자들이 새로움을 쉽게 받아들이도록 의도적으로 실험한 것일 수도 있다.

문학평론가 김재홍(경희대 교수)에 의하면 "박남철의 시 「독자놈 길들이기」는 발표 당시 독자들은 기존의 시들과는 너무나 달라 그 낯설음에 당혹감을 감추지 못했다. 자신의 시에 대해 의아해하는 '구시대의 독자놈'들에게 무차별한 욕설과 야유를 통해 새롭게 길들이고자 시도한 것이다. 여기서 구시대적인 것이란 무엇이고, 그의 시의 새로움이 의미하는 것은 무엇일까. 박남철은 기존의 질서와 관습에 반기를 들고 기존의 억압과 폐쇄적인 관행으로부터 탈피하려는 해체 의식을 지향한다. 시의 과감한 부정과 파괴의 형식을 통해 권위적인 기존의 관습 체계에 대한 해체를 시도한 것이다. 그의 시적 파괴와 실험 의식은 궁극적으로는 기존의 실체화된 질서체계와 관행의 횡포에 대한 외로운 항거의 과정으로 이해된다."[1]

그렇게, 그저 바라만 보고 있지……

마시고 낙서라도 좀 하시지요.

― 「バカヤロウ!」에서

---

[1] 김재홍, 「80년대 한국시의 비평적 성찰」, 『한국현대문학사』, 현대문학, 2002, 500-501쪽.

『반시대적 고찰』(도서출판 한겨레, 1988)에서 여백을 십분 활용한 해학과 풍자적 시가 있다. 「バカヤロウ!」라는 제목의 시는 13쪽(pp.94~106.) 분량의 시이다. '바보!'라는 뜻의 일본어이다. 94쪽 상단에는 「バカヤロウ!」라는 제목만 적혀 있고, 나머지는 여백이다. 95쪽에서 100쪽까지 6쪽은 쪽 번호만 존재하는 철저히 침묵이 흐르는 백지이고, 101쪽 아래에 아주 작은 글씨로 "그렇게, 그저 바라만 보고 있지……"라는 가수 나미의 노래 〈빙글빙글〉의 노랫말 12자가 찍혀 있다. '그저 바라만 보고 있지. 그저 눈치만 보고 있지. 늘 속삭이면서도 사랑하다는 그 말을 못해. 그저 바라만 보고 있지……'를 연상하게 하는 시행이다. 102쪽 제일 위 1행에 아주 작은 글씨로 "마시고 낙서라도 좀 하시지요."라고 12자가 편집되어 있다. 결국, 앞쪽 101쪽의 한 행과 연결하면 "그렇게, 그저 바라만 보고 있지…… 마시고 낙서라도 좀 하시지요."이다. 이렇게 여백 처리를 통해 독자들에게 유머와 조소를 던졌다. 이러한 낯선 창작성의 표현으로 해학적 효과를 극대화해 나갔다. 여백에 대한 시인의 의도를 표현한 것이다. 103, 104쪽도 쪽 번호만 존재하는 백지이고, 105, 106쪽은 차용 형식으로 《참고문헌》 나열 방식과 박혁거세 탄생 설화 이야기가 편집되어 있다. 이것은 시적 패러디로서 이 시의 해학성과 풍자성을 위한 장치이다.

또 한 편의 여백의 미를 살린 시는 「난데없는 오동나무……」이다. 오른쪽 아래 쪽 번호 '79' 외에는 모두 여백이다. 이를 접한 독자들은 수많은 연상 작용을 하게 된다. 시인의 정확한 의도가 무엇일까? "오동잎 한 잎 두 잎 떨어지는 가을밤에……"라는 대중가요, 자녀 탄생을 기리며 심은 오동나무, 오동나무로 짠 가구 등을 연상하게 된다. 그러나 "난데없는"이라는 낱말의 의미를 포착해 보면, 갑작스럽게 무슨 일이 발생하였음을 내포하고 있다. 아마도 주검을 고이 모시기 위한 오동나무로 짠 관을 의미하는 것은 아닐까? 황지우의 첫 시집 『새들도 세상을 뜨는구나』(문학과지성사, 1983)에 수록된 「묵념, 5분 27초」라는 시와 매우 흡사하다. 「묵념, 5분 27초」라는 시에서 획득한 여백의 효과를 생각해 보면 해답을 찾을 수 있다. 황지우가 독자들에게 5분 27초간의 묵념을 유도하여 광주민주항쟁 시작일 5월 18일이 아닌 5월 27일이라는 마지막 날을 상기하게 하여 민주주의의 불씨가 꺼지지 않기를 바랐듯, 박남철도 민주화 운동을 하다 '난데없이' 졸지에 희생된 어느 열사가 고이 잠든 오동나무 관을 생각하며 묵념을 하자는 의미를 담은 것은 아닐까?

기성품(ready-made) 모방

기성 도형과 사진 모방

박남철은 도형과 사진과 같은 기성품을 모방하여 모자이크하는 수법을 사용하였다. 「텔레비전 Ⅰ」과 「텔레비전 Ⅱ」는 제목 아래 텔레비전을 형상화한 사각형(□)의 도형 하나가 동그마니 그려져 있다. 「텔레비전 Ⅳ」에서는 텔레비전을 형상화한 사각형(□)의 도형 좌측 아래 반명함판 사진이 거꾸로 편집되어 있고, 「텔레비전 Ⅴ」에서는 반명함판 사진이 바로 놓이게 편집되어 있다.

기성 기사와 기성 시 모방

「박해미르 XI⁻¹」, 「박해미르 XI⁻² [試稿]」는 1987년도 박종철 고문 사망 은폐 사건을 말하고 있다. 그때 고문치사 사건을 은폐하기 위한 조작된 수사 결과 발표와 관련한 각종 미디어의 기사 내용을 패러디하여 재구성한 기성품 모방 방식을 채택한 시이다.

「박해미르 XI⁻¹」은 영전 사진이 없는 검은 테두리 액자만을 표현하고, 그 아래 "芽."라는 한문 한 글자와 마침표 하나를 편집해 놓았다. 이것은 '싹이 죽어버렸다.'라는 삶의 종결을 의미한다.

「박해미르 XI⁻² [試稿]」는 무려 11쪽(53~63쪽.) 분량의 시이다. 한글, 한문, 영어, 구두점, 각종 기호 등이 편집되어 있다. 전형적인 형태주의 시 형식을 취하고 있다. 19세기 프랑스 상징주의 창시자 스테판 말라르메의 시집 『Un Coup de dés(주사위 던지기)』(1987)에서 선보인 다양한 크기의 활자로 시각화한 문형시(pattern poems) 배열 방식을 모방하고 있음을 알 수 있다.

헤르미야,
사랑하는 나의 아들아,
네가 태어나게 된 |

왜 죽였니!

(생략)

왜 죽였나? 탕 하고 치니 억 하며 죽었나?

(생략)

　　　　　　　　　　　　　　　　　　　왜 죽였나?

왜 죽였나?

　　　　　　　　왜 죽였나!
(생략)

　　　　　　　　　　　—「박해미르 XI^{-2} [試稿]」에서

으햐이……

사월은 가장 잔인한 달,
죽은 땅에서 라일락을 키워 내고,
기억과 욕망을 뒤섞이며,
봄비로 잠든 부리를 뒤흔든다.

오월은 가장 잔인한 달,
자네가 작년에 심었던 시체에선
싹이 트기 시작했던가? 올해엔 꽃이 필까?

오월엔 꽃이 필까?
(올해엔 꽃이 피고야 말 것이다!)
아니면 갑자기 서리가 내려 그 꽃밭이 망쳐졌는지?
아, 인간의 친구지만, 개를 가까이해선 안 되네.

또 발톱으로 파헤칠 것이니.
그대! 위선의 독자여! — 나의 동포여,
— 나의 형제여!

[T.S. 엘리어트, 'I. 死者의 埋葬', 「荒蕪地」, 『T.S. 엘리어트』, 李昌培 譯, (서울, 探求堂, 1980)]

— 「박해미르XI⁻⁹」 전문

「해미르Ⅲ⁻¹」에서 천진난만하게 잠들어 있는 아이의 사진 밑에 "神이여 이 아이를 지켜주소서,/ 神이여 이 아이를 지켜주소서,/ 神이여 이 아이를 지켜주소서,/ 손바닥만 한 이 나라,// 분단된 방바닥 위에 못 박혀 있는 이 아이를."이라는 시구가 있다. 아이들의 미래를 걱정하며 절망의 끄트머리에서 희망의 끈을 잡으려는 의지를 표출한 것이다.

「박해미르Ⅲ⁻¹」에 편집되어 있던 천진난만하게 잠자던 아이가 「박해미르XI⁻⁹」에서는 앉아서 손짓하는 사진이 편집되어 있다. 그 사진 바로 밑에는 "으햐이……"라는 시행을 배치해 놓았는데 어린아이가 손짓하며 인사하는 말투를 표현한 것이다. 그 아래 연은 T.S. 엘리엇의 『荒蕪地』에 수록된 시 「死者의 埋葬」의 앞부분 1~4행인 "사월은 가장 잔인한 달,/ 죽은 땅에서 라일락을 키워 내고,/ 기억과 욕망을 뒤섞이며,/ 봄비로 잠든 부리를 뒤흔든다."를 그대로 차용하였다. 어떤 측면에서는 오마주 기법을 시에 끌어들인 것일 수도 있다. 이것은 슬픔이 깃든 오월에 대한 '잔인한 오월'이라는 표현으로 이어가기 위한 패러디 수법을 이용한 장치이다. 다음해 오월의 희망을 반영하고, 미래를 향한 '희망의 오월'을 역설적으로 표현하기 위함이다.

아빠, 나도 진짜 총 갖고 싶어
아빠 허리에 걸려 있는,

이 골목에서
한 놈만 죽일 테야

늘 술래만 되려 하는
도망도 잘 못 치는
아빠 없는 돌이를 죽일 테야

그 놈 흠씬 패기만 해도
다들 설설 기는데,
아빠.

[黃東奎, 「아이들 놀이」, 『나는 바퀴를 보면 굴리고 싶어진다』, (서울, 문학과 지성사, 1978)]

― 「묵상; 예수와 술래」 전문

「묵상; 예수와 술래」는 마지막 연에 "[黃東奎, 「아이들 놀이」, 『나는 바퀴를 보면 굴리고 싶어진다』, (서울, 문학과 지성사, 1978)]"라는 굵은 글씨의 편집은 황동규 시인의 시집 『나는 바퀴를 보면 굴리고 싶어진다』의 68쪽에 수록된 「아이들 놀이」라는 본문을 그대로 오마주 기법으로 차용한 시의 출처를 주석을 달 듯 배열하면서도 눈에 확연히 드러나게 시각화한 것이다. 황동규의 시에 등장하는 아이들 놀이는 아이들 놀이라고 하기엔 너무나 섬뜩한 그로테스크한 표현이다. 이 시에서 박남철 시인도 아이들 놀이 치고는 참으로 섬뜩한 놀이라 여겨서인지 신앙의 대상과 기도의 대상은 물론 기도의 방식을 염두에 두고 '묵상; 예수와 술래'라는 제목을 단 것 같다. 그 당시 정치적 억압을 가하는 '권력자'를 '술래'라 지칭하면서 무고한 사람들을 잡으려 다니는 것을 꼬집어 풍자하고 있음이 분명하다. 시 제목은 어디서 차용한 것일까?

기성 양식 모방

소직

  일신상의 사유[신병]로 인하여 더 이상 직무를 계속 수행할 수 없겠기에, 이에, 사직하고자 하나이다(사직원을 제출하오니 재가하여 주시옵기 바랍니다).

1988년 2월 8일
Ⅱ부 교사 박남철

    학교장 귀하

─ 「사직서」 전문

  이 시는 사직서 양식을 그대로 차용하였다. 물론 기성품 모방 방식을 채택하였다. 시적 화자는 일신상의 이유인 신병으로 1988년 2

월 8일 사직서를 제출하고 학교를 떠난다. 성명 뒤에 시인 자신의 도장을 찍어 실감나게 편집하였다. 여기서 시인 박남철 자신이 자의가 아닌 강압적인 타의에 의해서 사직서를 제출했음을 암시하고 있다. 왠지 반어법 또는 역설법과 관련을 지어 보지 않으면 해답이 없을 것 같다.

앞에서 살펴본 바와 같이 박남철의 시는 시적 대상 그 자체를 해체하고 언어를 기호화하기도 하고, 알레고리화하기도 한 것을 알 수 있었다. 이것은 그가 가장 치열하게 해체를 실천한 시인이라는 것을 입증하는 것이다.

해체시의 구성 원리는 기성품을 오려서 짜깁기하고, 편집하는 것에 있다. 이를 통해 새로운 창작물로 빚어내는 재생적 구성 원리가 주를 이룬다. 신문 기사를 가위질하듯 오려서 재배열하기도 하고, 사진과 그림, 만화와 도표 등을 끌어들여 시각적 효과를 노리는 형태시의 요소도 십분 반영하고 있다.

박남철 시인은 이러한 짜깁기와 편집 기능이 강한 이미지를 표층에 드러내었다. 그의 시 대부분은 시적 화자의 기능이 거의 제구실을 하지 못하고 있다. 그가 제재를 전시하는 효과만을 앞세우고 판단을 유보하기를 원하기 때문이다. 그 판단은 독자의 몫으로 남겨 놓았다.

황지우 초기 시의 형태적 실험 읽기
― 현실성을 수렴한 회화적 구성

　황지우의 초기 시는 발표 당시 '5월 진압군'을 옹호하는 보수적 시각(5월 민주항쟁을 '광주 사태'로 보는 시각)에서는 도저히 수용 불가능한 불순한 의도가 숨어 있다고 여겼다. 시 속에 비판 의식이 내포되어 있고, 혁명적 구호와 정권 전복을 위한 선전 선동적 저항 의식과 참여 의식이 뿌리 깊게 박혀 있다고 믿었다. 심지어 김대중 내란 음모 사건 연루자로 지목하여 곤욕을 치르게 했고, 북의 지령을 받은 빨갱이로 매도하기도 했다. 그 당시의 정치적, 사회적 현상을 비꼬고, 비틀어 대며 조소하는 풍자성과 해학성이 너무나 강하게 반영되었기 때문이다.

　'5월 시민군'을 옹호하는 진보적 시각(5월 민주항쟁을 '광주 민주화 운동'으로 보는 시각)에서는 광주의 비극성을 상기하고, 진정한 민주주의를 뿌리내리기 위해서 타도해야 할 대상이 있다고 보았다. 그 투쟁 의식을 고취하기 위해서는 문학적 가치로 저항하고 참여해야 한다고 믿었을 것이다. 특히, 그의 시는 진보적 성향의 지식인들에게는 필독 교양서였고, 진보적 삶의 신념화와 이념화의 입문서 역할을 하기도 하였다. 그 당시 정치적 억압과 사회적 소외로부터 위로를 받을 수 있는 최소한의 간접 돌파구 역할을 그의 시가 감당해 냈기 때문이다.

황지우는 1980년대 실험시 무대에서 치열하게 형태 실험을 하였다. 시인 이상 이후 잠잠하던 난해시를 들고 나온 1980년대 황지우의 시적 발상을 이해하기 위해서는 그의 초기 시를 읽지 않고서는 불가능하다.

처녀 시집 『새들도 세상을 뜨는구나』(문학과지성사, 1983)에서는 1980년 5월의 암울한 정치적 현실과 일상적 현실을 수렴한 기호·도표·그림 등 비시적 표현으로 낯선 시의 실험을 시도하였다. 두 번째 시집 『겨울—나무로부터 봄—나무에로』(민음사, 1985)와 세 번째 시집 『나는 너다』(풀빛, 1987)에서는 시의 상징적 장치를 심화한 형식 파괴라는 해체 기법을 통해 시적 의미를 부여했다. 제4시집인 『게 눈 속의 연꽃』(문학과지성사, 1991)에서는 해체 기법을 통한 선(禪)의 의미를 탐구했다.

그는 20세기 초 미래파, 다다이즘(Dadaism), 초현실주의(surrealism), 그리고 1950년대 구체시(具體詩, concrete poetry)와 해체시 등의 형태 실험을 잘 이해하였기에 그만의 독특한 난해시를 들고 나올 수 있었을 것이다. 그의 초기 시 형식은 언어 질서와 형태를 파괴한 낯선 시이다. 이들 시편은 현실성을 수렴한 회화적 구성으로 풍자성과 해학성을 과감하게 담아내고 있다.

형태 실험을 향한 시각적 이미지 효과

황지우의 초기 시를 읽을 때 한눈에 들어오는 인쇄된 굵은 글씨와 돋움체(고딕체)와 같은 변형된 글씨체는 너무나 낯설게 다가온다. 한글, 한자, 알파벳, 숫자와 같은 다양한 글자, 전통적 시와 다른 행과 연의 구성은 더욱 낯설다. 이것은 황지우가 의도한 시의 시각적 감각 때문이다. 그리고 기호, 도표 등을 시에 끌어들여 시각적 이미지 효과를 획득하려는 낯선 시를 선보이기도 했다. 이같이 밖으로 낯설게 드러난 시각적 형태가 시의 의미에 지대한 영향을 미침을 부인할 수 없는 일이다.

황지우의 첫 시집 『새들도 세상을 뜨는구나』에 「'日出'이라는 한자를 찬, 찬, 히, 들여다보고 있으면」이라는 회화시가 있다. 이 시가 시각적 형태를 강조하는 회화성의 시이다.

   山 위에
        山
   그 上上峰에
       ◉ 하나
   그리고 그 山 아래
       山 그림자
         그 그림자 아래, 또
       山 그림자,
           아래
다닥다닥다닥다닥다닥다닥다닥다닥다
     凹凸한 지붕들, 들어가고 나오고,
찌그러진 △□들, 일어나고 못 일어나고,

찌그러진 ◈ 우들
　　　88올림픽 오기 전까지의
　　　新林山 10洞 B地區가
보인다
　'해야 솟아라 지난 밤 어둠을 살라 먹고 맑은 얼굴 고운 해
야 솟아라'
　　　　솟지 마라

　　　ㅡ「'日出'이라는 한자를 찬, 찬, 히, 들여다보고 있으면」 전문

　　인용 시 「'日出'이라는 한자를 찬, 찬, 히, 들여다보고 있으면」을 유심히 읽어 보면, 달동네의 형상과 소시민의 삶이 그림처럼 펼쳐져 한눈에 다가온다. 정부와 서울시가 86아시안 게임과 88년 올림픽 유치를 계기로 서울의 중심가와 경기장을 중심으로 미화 사업을 추진한 적이 있다. 미관상 좋지 않은 모습이 드러나는 곳을 미화 지구로 선정하여 정비 사업의 일환으로 재개발을 시행하기도 했다. 산동네 신림10동 B지구도 그 가운데 한 곳이었다. 그 당시 신림10동은 서울의 대표적인 달동네 중 하나였다. 홀로 사는 노인이 많았고, 일용직 노동자와 파출부 등 하루 벌어 하루 먹고 사는 사람들이 옹기종기 모여 살았다.
　　이 시에서 山이라는 한자를 실제 산처럼 도형화하여 반복 배치해 놓았다. "◉ 하나"는 태양의 도형이다. 산동네 산 위에 산, 그 산 위에 해가 하나 뜨고, 그 산 아래 산 그림자가 여러 겹 깔리고, 그 그림자 아래에 가옥들이 다닥다닥 붙어 어깨동무하고, 울퉁불퉁한 지붕들이 빽빽이 사이좋게 모여 있다. "凹凸한 지붕들, 들어가고 나오고,"는 울퉁불퉁한 지붕들의 높낮이를 의미하지만, 양철지붕의 모습이기도 하다. "찌그러진 △▢들"은 산동네 가옥의 형태를, "찌그러

진 ㅎ 우들"은 '일그러진 남녀'를 기호화하였다.

시인은 "해야 솟아라 지난 밤 어둠을 살라 먹고 맑은 얼굴 고운 해야 솟아라" 하며 새로운 해가 솟기를 기원한다. 결행에서 "솟지 마라"며 역설한다. 이것은 재개발 지역의 눈물 어린 서민의 아픔과 고충을 시화한 것이다. 결국, 재개발해 신축 아파트를 지어 놓으면 그곳의 주인이었던 서민들은 떠나고, 가진 자가 다 차지할 것이 뻔하므로 "솟지 마라"며 거부하는 것이다.

회화적 구성

시의 회화적 구성은 그 특성상 그림처럼 시각적 형태를 취한다. 황지우 초기 시의 시각적 형태는 동양적 여백 구성, 사실적 구성, 기성품 모방적 구성, 기하학적 구성으로 구분해 볼 수 있다. 이 글에서는 동양적 여백 구성에 비중을 두고 사실적 구성과 기성품 모방적 구성을 살펴보고, 시 「무등」과 같은 기하학적 구성은 너무나 잘 알려져 간략히 언급한다,

동양적 여백 구성

황지우는 동양적 여백 구성으로 톡톡히 재미를 보았다. 그 가운데 제목과 여백의 어울림을 염두에 둔 시에 주목해 본다.

『새들도 세상을 뜨는구나』의 「묵념, 5분 27초」는 상단 중앙에 제

목과 하단 우측에 쪽 번호만 있고 나머지는 여백이다. 여기서 독자들에게 5분 27초간의 묵념을 유도하고 있다. 「묵념, 5분 27초」라는 짧은 시는 기지와 풍자로 역사적 사건을 되살려 놓았다. 실제 국민의례의 묵념곡은 1분 정도인데 5분 27초의 의미는 무엇일까?

'5월 27일'을 의미한다. 5월 27일의 날씨는 화창했다. 이날은 계엄군이 광주 재진입 작전을 감행하여 6박 7일간의 시민군 천하에 종지부를 찍은 날이다. 이희성 계엄사령관은 계엄군의 광주시내 진입이 성공적으로 끝나자 5월 27일 05시 19분경 주영복 국방장관에게 작전 종료를 보고했고, 05시 23분경에는 최규하 대통령에게 광주시를 수복하였음을 보고했다.

이처럼 그는 광주의 5월을 상징하는 5·18 추모를 위한 묵념이 아닌 5월 민주항쟁의 종료일을 상징하는 5·27에 대한 묵념을 의도적으로 장치하였음을 알 수 있다. 이러한 발상은 난해성을 증폭시키는 효과가 있다.

7자로 구성된 제목이 상단에 동그마니 외롭게 떠 있고, 본문이 없는 여백이 우리를 묵념하게 한다. 이 시의 여백은 두 가지 측면에서 이해할 수 있다. 하나는 우리의 의식을 '광주의 5월'이라는 역사적 사건으로 안내하여 '민주항쟁'의 혁명성과 비극성을 확대 재생산해낸다. 또 하나는 그 5월의 비극성을 깨끗이 지울 수는 없을까. 인간의 기억을 지우개로 이 여백처럼 깨끗이 지울 수만 있다면 얼마나 좋을까. 시인의 의도는 두 측면이 혼용되어 있다.

국민의례의 '순국선열과 호국 영령에 대한 묵념'을 위한 묵념곡은 실제 1분 정도의 길이이다. 연주에 따라 10초 정도 늘어나거나 몇 초 정도 앞당겨지기도 한다. 이것에 비하면 5분 27초는 상당히 긴 시간이다. 시인은 '광주의 5월'을 잊지 말자라는 뜻에서 5·27을 상징한다.

이것은 음악이 반드시 피아노 건반에서만 시작되는 것이 아니고 톱 소리나 나무를 두드리는 것에서 전개될 수 있다는 것을 인식시킨 전위음악가 존 케이지(J. Cage)의 〈4분 33초〉라는 악보와 연주를 변용하였다고 추측할 수 있다. 전위음악가 존 케이지는 〈4분 33초〉라는 그의 작품을 연주하는 피아니스트에게 4분 33초 동안 피아노 앞에 그냥 앉아 있기만을 주문하고, 그 시간 동안 연주실 내에서 있었던 침묵과, 이에 따른 약간의 기침 소리를 포함한 소음 그것이 바로 〈4분 33초〉라는 작품의 내용이라 못 박지 않았다.[1] 황지우 역시 독자들이 「묵념, 5분 27초」라는 제목을 읽고 난 후, 5분 27초 동안 아래의 여백에 시선을 머물게 하려는 의도였을 것이다.

이 같은 여백을 활용한 기법을 황지우는 어떻게 익혔을까? 아마도 1950년대 언어의 논리나 의미를 파괴하고, 기존의 관습화된 전통적 시형을 부정한 구상시 운동의 영향을 받았을 것이다. 구상시가 동양적 여백의 미와 서예의 형상화 등 시 외적 공간의 발견과 더불어 시 형태의 다양성을 추구하였기 때문이다.

제목과 여백의 구성으로 깊은 여운을 안겨 주는 시를 두 편 더 읽어 본다.

"어머니 오셨어요?"
"오냐, 잘 지냈니?"
"네."

(사이 말없음)

---

[1] 김해성, 『현대미술을 보는 눈』, 열화당, 1985, 29쪽.

"얘야, 내일이면, 네가 그 자리에 없겠구나."

― 「아무도 미워하지 않는 자의 죽음 ― **잉게 숄著·박종서譯·靑史·188면·값 1,900원**」 전문

황지우가 시 제목으로 삼은 「아무도 미워하지 않는 자의 죽음」이라는 책은 독일의 잉게 숄이 실화를 배경으로 쓴 소설 형식의 책이다. 이 시에서 부제를 굵은 글씨로 「**잉게 숄著·박종서譯·靑史·188면·값 1,900원**」이라고 표기한 것은 다른 출판사와 번역자와의 구별을 위한 것임과 아울러 이 책의 강조점을 표현한 것이고, 판권에 1,900원이라 찍혀 있는 것까지 모자이크하였다. 부제를 굵은 글씨로 시각화한 것은 기존의 시 제목 형식을 파괴함으로써 새로운 시각적 효과를 통해 시적 극대화를 기대하였던 것 같다. 이것은 '낯선 시', '낯선 제목'이라는 시각적 효과와 기존의 형식 파괴적 역할을 담당한다.

작가 잉게 숄은 이 책에서 독일 뮌헨 학생 저항운동으로 1944년 2월 게슈타포에 체포되어 사형당한 한스와 죠피의 여동생이다. 함께 성장하면서 체험하고 느낀 바를 솔직하게 고백한 실화로서 감동적인 호소력을 갖고 있다. 인용 시의 본문의 대화체는 잉게 숄의 『아무도 미워하지 않는 자의 죽음』에서 처형되기 직전의 죠피와 어머니, 두 모녀가 면회하는 장면을 연상하게 한다.

"이제는 더 이상 문 앞에 나오지 못하겠구나."
어머니가 말씀하시자.
"이 년만 참으세요, 어머니."라고 대답했다.
그리고 나서 한스가 그랬듯이 확신을 가지고 의기양양하게 말했다.

"우리가 모든 것을 떠맡았어요. 이제 우리가 한 일은 큰 물결을 일으킬 겁니다."

— 잉게 숄, 『아무도 미워하지 않는 자의 죽음』 중에서 '잊을 수 없는 순간들' 부분

이 장면은 사형 직전에 어머니가 "더 이상 너를 볼 수 없겠구나."라는 의미로 딸 죠피에게 말을 건네자, 죠피가 '이 년만 지나면 모든 것이 잊히고 마음의 평안을 찾을 것입니다.'라는 의미로 대답한 것이다. 이 장면은 서로가 죽음 앞에서도 꿋꿋함을 잃지 않고 삶의 긍정적인 표현을 한다. 이 장면을 시적으로 변용한 황지우는 더 실감 나게 여백에 침묵과 긍정적인 삶이 느껴지도록 재구성하였다. 이 시에서 제목과 여백이 던져 주는 침묵이 없다면 감동이 없을 것이다. 황지우가 다른 복선을 깔아 놓았다면 아마도 5월 시민군의 어느 사형수와 그 어머니가 면회하는 장면일 것이다. 결행에서 사형수의 어머니가 죽음을 앞둔 아들에게 슬픔을 감추고 이처럼 강인한 말을 던질 수 있다는 것은 우리의 전통적 한의 정서에 대한 반항적 표현이다. 시각적으로만 낯선 시를 추구한 것만이 아니라 전통적 정서를 파괴한 낯선 정서를 들고 나오기도 했다.

다섯 살 난 한 아이가 공터에서 힘껏, 돌을 던진다. 그의 온몸을 전달받은 돌은 그로부터 가장 먼 세계 끝에 떨어진다. 어디까지가 끈이어요, 아빠? 얼마나 남았어요, 엄마? 다섯 살 난 아이는 머리를 땅바닥에 닿을락말락 대고 자기의 가랑이

사이로 빤히, 바라다 본다. 여기가 어딜
　　까? 왜 내가 여기에 있을까? 길 건너 새
　　마을 식료품점 쪽에서 다가오는 세발 자
　　전거 한 대가 막, 하늘로 離陸하려 했다.
　　토끼풀들이 천, 편, 일률적으로 4, 5cm씩
　　위로 들어올려놓은 綠陰 하늘로,

　그는 시 제목과 내용을 구분하는 경계선을 없애 버렸다. 이것은 활자 크기, 부호 등을 내세운 시각적 형태를 향한 황지우 시인의 실험 정신일 것이다. 이것만 보더라도 그는 형태 실험에 열중했음을 알 수 있다. 이 시는 문장 부호와 도량형 표기를 제외하고 한글만 174자이다. 다른 시의 제목 크기의 글자가 배열되어 있고, 상하좌우는 여백이다. 독자는 '제목만 있고 내용은 없다.'라고 인식하거나, '내용만 있고 제목이 없다.'라고 인식하기도 한다. 전자는 다른 시 제목 크기의 글자 때문이고, 후자는 이 시집의 목차에는 쪽 번호만 있고 제목이 유일하게 비어 있기 때문이다. 과연 시인의 의도가 무엇일까? 목차에서 이처럼 긴 제목을 넣으면 편집 의도와 다른 방향으로 변질할 것이 뻔했을 것이다. 그런데 의문부호를 여러 번 사용한 것과 마지막에 쉼표 부호를 찍은 것을 보면 제목이 아닌 것 같지만, 시 본문 내용이기도 하면서 제목이라는 이중적 모습을 갖추고 있음을 알 수 있다. 결론적으로 이 시는 제목도 있고, 내용도 있다.

사실적 구성

사실적 구성을 채택한 시는 한 폭의 풍경을 보는 듯한 언어를 구사한다. 언어 형태면에서 묘사에 의존하는 경향이 강하고, 언어 표현 방법에서 회화성을 나타낸다. 그의 두 번째 시집 『겨울—나무로부터 봄—나무에로』에 「버라이어티 쇼 1984」라는 시가 일부 사실적 구성으로 분석적 수치로 회화성을 나타내고 있다.

> 오늘 아침 버스를 타는데, 뒤에서 두 번째 오른쪽 좌석에 누군가 한 상 걸게 게워낸 자국이 질펀하게 깔려 있었다. (……) 거기는, 밥알 55%, 김치 찌꺼기 15%, 콩나물 대가리 10%, 두부 알갱이 7%, 달걀 후라이 노른자위 흰자위 5%, 고춧가루 5%, 기타 3% 順으로.
> ― 「버라이어티 쇼, 1984」에서

출근길 버스 안에서 토사물을 접한 시적 화자는 수치를 이용하여 분석적이면서도 사실적인 진술을 하고 있다. 아무런 가치도 없는 토사물을 세밀하게 수치로 묘사함으로써 느슨함을 치밀함으로, 무관심을 관심으로 전치하는 효과를 획득한다. "콩나물 대가리 10%", "두부 알갱이 7%" 등으로 도저히 측정할 수 없는 토사물을 수치로 분석해 낸다. 이러한 분석을 통해 빈약하기 짝이 없는 안주 때문에 속이 뒤집어진 원인을 찾고, 토사물을 게워 낸 사람이 평범한 서민임을 밝혀낸다. 이 시의 구성은 무의미한 토사물에 대한 사실적 묘사를 통해 의미 있는 서민의 삶으로 전이해 간다.

황지우의 네 번째 시집 『게 눈 속의 연꽃』에 「허수아비―과녁」이라는 시가 일부 사실적 구성으로 회화성을 나타내고 있다.

洋弓射手가
이제
60m 사대에 서 있다
숨 한번 크게 내쉬고
화살을 꺼내어 활줄에 당기는 손이
잔뜩 찌푸린 눈살 옆에 붙는
순간,
(활줄이 이 시골뜨기 소녀의 입술을 갈라놓고,
그러나, 준비하시고오, 쏘세요, 하는 주택
복권의 야바우 회전 과녁과는 de dicto 次元이
다르다)
카메라가

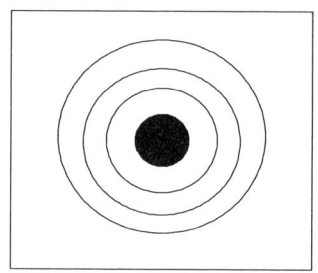

을(를) 줌인한다
저 ● 이
心腸이냐
中心이냐
오호, 허수아비여, 그대에게도
마음이 있다는 게냐
勿論
그대 마음 가운데에서도 한가운데 마음에

제 꽁무니, 꽁무니에 일렬로 촉을 다 박을 때까지
인간에게 新記錄이 있을 것이다
그러면
자,
화살이 다 들어간 과녁의 한가운데가
DOT이냐
POINT이냐

—「허수아비—과녁」전문

　80년대 초, 86 아시안 게임과 88 올림픽 유치를 계기로 우리나라 양궁 실력은 획기적으로 도약하여 세계를 제패하기 시작했다. 시인은 양궁의 과녁을 사실적 구성으로 시각화하였다. 이 시의 한가운데 양궁의 과녁을 손으로 삐뚤삐뚤하게 그려 배열해 놓고, 과녁 한가운데 검은 점을 '심장'인지 '중심'인지, 'DOT'인지 'POINT'인지 구분하기 어렵다고 의문점을 남겨 놓았지만, TV 중계를 통해 60m 사대에 서 있는 궁수의 예리한 눈매와 차분한 태도를 비롯하여 과녁을 줌인하여 화살이 한가운데 꽂히는 장면을 매우 사실적으로 표현하고 있다. 그리고 각 행을 가운데 정렬로 장치하여 중앙에 시선을 집중해야 하는 양궁 특유의 집중력을 사실적으로 표현했다.

기성품 모방적 구성

　여기서 기성품 모방적 구성을 채택한 황지우의 시를 구체적으로 읽어 본다. ①은 신문의 심인 광고문, ②는 벽보, ③은 담뱃갑 경고문 형식을 빌린 시행의 배열이다. 모두 인용적 묘사를 한 시이다.

①
예비군편성및훈련기피자일제자진신고기간
자 : 83.4.1.~ 지 : 83.5.31.

―「벽·1」전문

②
김종수 80년 5월 이후 가출/ 소식 두절 11월 3일 입대 영장 나왔음/ 귀가 요 아는 분 연락 바람 누나/ 829-1551// **이광필** 광필아 모든 것을 묻지 않겠다/ 돌아와서 이야기하자/ 어머니가 위독하시다// **조순례** 21세 아버지가/ 기다리니 집을 속히 돌아오라/ 내가 잘못했다// 나는 쭈그리고 앉아/ 똥을 눈다

―「심인」전문

③
詩는 슬렁슬렁 쉽게 쓰는 편인데, 밥벌이먹기 위해서 쓰는 잡문을 쓸 때는 줄곧 줄담배다. 이건 生活이 아니라 숫제 자학이다. 원고지 파지 위에 놓인 88담배 :

| 경고 : 흡연은 폐암 등을 일으킬 수 있으며 특히 임신부와 청소년의 건강에 해롭습니다. |

나는 담뱃갑을 반대편으로 뒤집어놓는다.

DELUXE MILD
LOW TAR & NICOTINE TRIPLE FILTER

(……)

　　　　　　　　　　　　　　　　　　ㅡ「경고」전문

　①은 벽보라는 기성품을 그대로 끌어다 놓았다. 이 시에서 벽보는 '3년 전 광주의 5월 이후 생사가 불분명한 행방불명자들'을 암시하고 있다. 시적 화자는 벽보에 붙어 있는 공고문을 보면서 젊디젊은 행방불명자들이 아직도 나타나지 않고 있음을 안타까워한다. 무관심한 듯 한가롭게 벽보를 보지만, '젊은이들이 살아 돌아와서 예비군훈련을 받을 수만 있다면 얼마나 좋을까?'라는 절박한 관심으로 전이해 가고 있다. 그리고 시작을 뜻하는 '자'와 끝을 뜻하는 '지'에 주목한다. 성적 이미지를 연상하며 빙그레 웃고 있는 듯하다. 황 시인이 이것을 달고 있는 자만이 대상이라는 성적 이미지를 통해 우스개화하기도 했다.

　병무 행정이 전산화되기 전에는 '향토예비군 설치법'에 의해 전역 장병들이 전역 14일 이내에 주소지를 관할하는 향토예비군 읍·면·동대에 편성 신고를 하여야 했다. 예비군이 기한 내에 편성 신고를 하지 않거나, 담당 공무원이 고의로 편성을 누락하면 향토예비군 설치법 위반으로 형사 처벌을 받았다. 훈련을 기피할 목적으로 편성 신고를 하지 않거나 위장 전출입을 하는 등 범법자가 많이 발생하던 시절이었기 때문에 이를 구제하기 위한 방편으로 일제신고 기간을 주어 이 기간에 자진 신고를 유도하였다. 특히, 이 시에서의 벽보는 5월 민주항쟁 이후 행방불명자들이 셀 수 없이 많았음을 대변하고 있다.

　②는 시적 화자가 변소에 쭈그려 앉아 사람을 찾는 신문 광고를 읽고 있다. 예전에 신문 광고에 사람을 찾는 심인 광고가 작게는 우

표 크기에서부터, 크게는 명함판 사진을 곁들인 크기로 실렸다. 이 시는 그 심인 광고라는 기성품을 패러디한 허구이다. 허구가 아닌 실제 심인 광고 3개를 짜깁기한 것이라고 가정하면 콜라주 기법을 사용한 것이다. 이 시의 첫 번째는 가출한 남동생에게 입대 영장이 나왔으니 병역기피로 병역법 위반이 되지 않도록 귀가해서 입대하라는 의미를 담고 있다. 더 큰 숨은 뜻은 '80년 5월 이후 가출'이다. 80년 광주의 5월과 관련이 있는 실종 또는 행방불명자임을 암시하고 있다. 이 조그마한 광고에도 5월의 아픔이 서려 있음을 말한다. 두 번째는 집 나간 아들을 어머니가 위독하다는 것을 내세워 아버지가 애타게 찾고 있다. 세 번째는 딸아이가 부모와 다투고 가출한 모양이다. "내가 잘못했다"라는 문구에 부모의 애타는 마음이 고스란히 담겨 있다. 그 시절 처녀가 가출하면 봉제공장이나 직장에 다니면 그나마 다행한 일이다. 유흥업소나 사창가에 인신매매되어 인권 유린과 노동 착취를 당하는 사례가 많았기 때문이다.

시적 화자는 무관심한 듯 세상을 관찰하고 있다. 사람을 찾는 절박한 광고를 화장실에서 똥을 누면서 읽고 있다. 신문을 읽고 있는 한가하고 무관심한 사람에서 절박하게 사람을 찾고 있는 관심 깊은 사람으로 전이해 가고 있다. 무관심한 화자는 절박한 세계와 대립한 상태에서 단절되어 있었으나 절박한 자아로 전이해 간다.

③은 현재의 담뱃갑 경고문과 시대적 차이를 보인다. 이 시 속의 기성품은 '88담배'이다. 시행의 배열은 기성품인 담뱃갑의 경고문 형식을 모방한 것이다. 88담뱃갑 한쪽 면에 "경고 : 흡연은 폐암 등을 일으킬 수 있으며 특히 임신부와 청소년의 건강에 해롭습니다."라는 경고문이 찍혀 있다. 그 반대쪽 면에는 "가장 순한// 저 타르

저 니코틴 3중 필터"라는 뜻의 영문 표기가 찍혀 있다. 비록 기성품을 모방하였다 할지라도 상반된 경고문의 모순을 통해 모순투성이인 세상과 삶을 꼬집어 낸다.

시적 화자는 모순 속의 자신을 발견한다. 줄담배를 피우는 자학의 행위를 그만두고 싶어도 밥벌이를 위해 어쩔 수 없는 노릇이다. 해로운 줄을 알면서도 그나마 저 타르 저 니코틴 필터가 장착된 그 당시에 최고급 88담배를 피운다. 밥벌이를 제대로 하지도 못하면서 최고급 담배를 피우는 행위 그 자체도 아이러니다.

기하학적 구성

기하학적 구성을 채택한 시는 시행의 배열 그 자체에서 회화성으로 시각화한다. 황지우의 「무등」이 여기에 속한다.

山
절망의 산
대가리를 밀어버
린, 민둥산, 벌거숭이산
분노의산, 사랑의 산, 침묵의
산, 함성의 산, 주인의 산, 죽음의
산, 부활의산, 영생하는산, 생의산, 희생의
산, 숨가쁜산, 꿈의산, 그러나 현실의 산, 피의산
피투성이산, 종교적인산, 아아너무나너무나 폭발적인
산, 힘든산, 힘센산, 일어나는산, 눈뜬산, 눈뜨는산, 새벽
의 산, 희망의산, 모두 모두 절정을 이루는 평등의 산, 대지
의산, 우리를 감싸주는, 격하게, 넉넉하게, 우리를 감싸주는 어머니

― 「무등」 전문

 이 시는 한눈에 무등산을 시각화하였음을 알 수 있다. 황지우는 피라미드 구조의 안정된 삼각형 속에 많은 의미를 생산해 내는 언어를 벽돌처럼 견고하게 포개어 무등산을 형상화하였다. 광주의 슬픈 5월을 '분노, 죽음, 희망, 어머니' 등의 절망과 희망을 한 덩이의 의미로 포개어 활자를 시각화하였다. 띄어쓰기를 파괴한 활자로 무등산을 시각화하고, 무등산을 추상화하여 기하학적 도형으로 상징화한 것이다.
 우리 현대시에서 1980년대의 전위시를 배제하거나 무시할 수 없다. 전위시는 전통적 풍자성 기지를 다양하게 표출하였다. 때로는 신랄한 재치로, 때로는 해학과 풍자적 장치로 나타났다. 황지우는 현실적인 모순을 신랄하게 비판하는 수법으로 언어 파괴적인 전위시를 추구해 왔다.

 문학평론은 이념과 정치 흐름, 사회 현상과는 거리를 두고 문학 본령에 충실해야 함은 당연한 논리이다. 하지만 문학 작품이 현실을 반영하듯 현실성을 반영하지 않을 경우 균형을 잃은 절름발이 글로 전락할 수도 있다. 앞에서 말한 바와 같이 황지우의 시는 한때 5월 진압군을 옹호하는 보수적 시각에서는 도저히 수용 불가능한 불순한 의도가 숨어 있다고 여겼고, 시민군을 옹호하는 진보적 시각에서는 광주의 비극성을 상기하고 진정한 민주주의를 위해서 문학적 가치로 저항하고 참여해야 한다고 믿었다.
 황지우의 시에 대한 지금(2012)의 시각은 어떠한가? 보수적 시각에서는 아직도 받아들임의 준비가 부족한 것을 부인할 수 없다. 그것은 황지우의 시가 광주 민주화 운동의 의의를 살린 참여시로서 민주화를 향한 열정을 인정한다 하더라도, 시 속에 체제 전복을 암시하는 투쟁성을 너무나 강하게 심어 놓았다고 여기기 때문이다. 순수시를 지향하는 보수적 시각에서는 그가 시에 부여한 목적성에 대한 거부 반응이 당연히 장벽으로 남아 있을 수밖에 없다.

하지만 시의 구성적 측면에서 회화성의 실험 정신만은 옹호할 수밖에 없다. 문학 본령에 충실한 문학적 가치 위주로 시를 접하려는 필자의 시각에서 그의 형태주의적 실험성에 대해서만은 강력히 옹호한다. 그 옹호의 핵심 축은 회화적 구성이다. 따라서 황지우의 치열했던 형태적 실험 정신만은 가치 있은 일이었다고 평가해 본다.

민조시와 풍시조란 무엇인가

민조시란 무엇인가

　민조시란 무엇인가? 이것에 대한 해답은 2000년 6월 신세훈 시인이 《자유문학》을 통해 발표한 '새 정형시 民調詩(3·4·5·6調) 개척 선언문'에서 찾을 수 있다. 이 선언문 안에 민조시가 무엇인지 모든 것(정형률, 사상적 배경, 구조 등)을 망라하고 있어 이를 소개한다.

『새 정형시 民調詩(3·4·5·6調) 개척 선언문』

　民調詩란 무엇인가? 우리 한민족의 민간 장단으로 흘러내려오는 율조의 소리마치를 문자의 뜻 위에 얹어 빌어 쓴 정형시가 곧 民調詩이다.
　民調詩는 왜 새로운 정형시인가? 우리말의 소리마디를 3·4·5·6調의 정형률에 맞춰 쓴 새로운 시이기 때문에 우리 민족 문학사에는 처음으로 시도해 보는 정형시이다.
　民調詩의 정신인 사상 배경과 3·4·5·6調의 정형 율격 근원은 어디에 그 뿌리를 두고 있는가? 새 정형시인 民調詩의 사상적 배경은 한민족 고유의 정신문화 유산인 '흔'사상에 그 밑바탕을 펼쳐 두고 있으며, 정형 율격 수리의 3·4·5·6調는 한민족의 철학인 수리학에 그 연원을 두고 있다.

民調詩의 새 정형 자수율을 왜 3·4·5·6調에만 걸어 둔 채 정형시로 정착시키려 하는가? 한민족의 수리 철학은 허수와 실수의 1·3·5·7·9이며, 또 2·4·6·8·10의 10은 0(제로·+)의 개념으로 설정되어 있다. 1(하나)은 곧 3(셋)이며, 3(셋)은 끝수인 9(아홉)였다. 5는 1·3·5·7·9 중의 기둥수리이며, 6은 2·4·6·8·10의 중간 수리인 기둥수이다. 허수와 실수의 중심 수리인 5와 6다음은 7이지만, 이 7은 우리 민족의 3·4조 말마디가 합해져 되돌아와 모여진 덤의 수리가 7(서양의 럭키 세븐)이다. 그러므로 7을 율조로 잡아 다시 6뒤에 새삼스럽게 설정하지 않고, 3·4·5·6調로만도 충분히 우리의 정신 사상과 율조와 만상의 뜻을 말로 다 표현할 수 있기 때문에 기본 수리 3에서 6까지만 정형 수리로 설정하게 된 것이다. 이는 다 '天符經'이나 ㅡ '한단고기'보다 먼저 쓰인 ㅡ 박제상의 '징심록' 들에 나타난 한민족 고유의 수리학 원전에 근거한 것이다.

民調詩는 과거 우리 문학과의 정형 자수율 관계가 어떠한가? 신라 때의 향가나 고려 가요·가사 및 백제 사람 왕인이 개척한 '和歌'(일본 정형시)나 우리 가요가 일본으로 건너가 '萬葉'이 된 가요(일본 정형시의 원형)나 조선조의 時調·가사·판소리에 이르기까지 다 그 소리의 장단·가락 음수율을 짚어 보면 결국 3·4·5·6調로 구성돼 있음을 알 수 있다. 그러나 선인들은 시조 부문 하나만 이 땅에 겨우 민족 정형시로 정착시켰을 뿐이다.

최남선 이광수 등은 일본 정형시(7·5조)의 영향(역수입)을 받아 '3·4·5 調'를 이 땅 정형시로 정착시키려고 애써 실험했지만, 그분들은 '天符經' '징심록' 들의 허수와 실수에 작용하는 수리 '6기둥수'를 발견해 내지 못해 안타깝게도 실패하고 말았다. 3·4·5·6調는 우연의 일치이지만, 바로 위와 같은 3·4·5調에 내가 '6'의 기둥 수리를 발견해 낸 다음 다시 3·4·5·6調로 정착시킨 새 정형시이다.

民調詩는 조선의 정형시인 時調와는 어떻게 다른가? 시조는 초·중·종장인 3장 6구(3·4/3·4//3·4/3·4//3·5/4·3)로 된 정형시이지만, 살펴보면 모두 3·4·5·6調로 집합 구성되어 있다. 처음 하나(1)인 3으로 시작해서 3으로 끝난다. 이 3의 수리는 '天符經' 천·인·지(○△□)의 사상인 그 3신 사상의 3철학이다. 초·중·종장 첫머리도 3으로 시작하고, 구마다 첫머리 자수 3도 처음의 1(하나)인 3으로 시작한다. 초장 첫머리 3과 중장 첫머리 3도 합하면 6이요, 중장·종장 역시 6(3+3)에, 초·중·종장 첫머리의 합이 9(3+3+3=끝)이다. 초장 첫머리 첫구도 3이요, 둘째 구도 3이다. 종장 마지막 3수리와 만나면 6수리가 되고, 6은 다시 종·중·초장 첫머리 수리와 음악적으로 화합하면 각각은 9수리(끝)가 되는 수철학 구조다.

  시조의 기본 음보인 3·4조와 종장의 5수리 구조가 곧 3·4·5조 율격 구성이며, 초·중장의 기본조인 3·4조를 합하면 7조가 된다. 결국, 시조도 말마디 리듬을 분석하면 말머리의 위치만 다를 뿐 역시 3·4·5·6조의 구조로 짜여져 있다. 民調詩와는 구성상 그 형식만 다를 뿐이다.

  우리 민족의 정형시인 時調가 있는데, 왜 또 정형시 民調詩를 새로 개척하는가? 무릇 시의 형태는 시대가 지나면 변하는 것이 순리이다. 지금 時調도 많이 변했다. 그러나 3장 6구의 자수(약 43자 내외)가 일본 정형시에 비해 너무 글자 수가 많을 뿐 아니라, 현대 문명·문화 언어를 이 시조에 수용했을 때는 시가 잘 되지 않는 약점이 있다. 시조가 이러한 점들을 현대 감각적인 민족시로 소화시켜 내기엔 그 형식에서만 보더라도 너무 벅찬 듯하다.

  그래서 나는 향가·여요·판소리·가사·시조… 들의 정형 율조 구조를 과학적으로 분석해 낸 컴퓨터칩(예:64KD램→64괘 4차원 수리학 응용 후 성공함)의 수리 집합·분산 원리처럼 우리말마디의 수리를 3·4·5·6調로 民調詩語群에 수용할 경우 자유로이 집합·해체할 수 있는 장점이 있어, 이 새 정형시를 개발한 것이다. 民調詩에는 아무리 어려운 현대의 문명·문화 비평 언어가 시어로 새롭게 끼어든다고 해도 하나 어색하지 않게 시적 효과를 나타낼 수가 있다. 民調詩의 또 한 가지 장점은, 불과 18자로 시 한 수를 뽑아낼 수가 있다는 점이다. 日本의 짧은 정형시(17자)의 자수와 거의 비슷하다. 그러나 각 말마디마다 얼마든지 거듭 우리의 소리말 장단에 추임새를 매겨 중첩으로 계속 쓸 수 있음도 그 형식에 매인 시조와는 다른 자유로운 언어 세계의 정형시라고 할 수 있다.
〈4333(2000). 6. 26. '自由文學' 편집실에서.〉

이 선언문만으로도 민조시에 대한 궁금증이 해소된다. 신세훈 시인이 김순진 시인(스토리문학 발행인)과의 대담에서 민조시 창안 배경에 대해 밝힌 바 있어 그 주요 내용을 소개한다.

우리의 민족적 자존심을 기존의 전통 정형시인 시조의 3장 6구로만은 현대문명 문화의 비평적 생각이 수용되기 어렵다고 봅니다. 제가 연극영화과를 다니고 그 이후 시조와 가사 등을 면밀히 분석해 본 결과 전부 3,4,5,6조였습니다. 6은 2,4,6,8,10의 기둥수입니다. 또 5는 1,3,5,7,9의 기둥수이구요. 이 3,4,5,6조만 있으면 우리 민족의 아픔이나 현대 감각의 모든 감정들을 충분히 처리해 낼 수 있습니다. 3,4,5까지는 한국의 대표적 율격이고 6은 3의 중복으로 이룰 수 있으니 채택하였고, 그 뒤 7은 3과 4로 반복되어 나타나기 때문에 없어도 됩니다.
우리 백성을 뜻하는 '民'에다가 율조의 뜻인 '調'와 '詩'를 붙여 民調詩라 명찰을 달았습니다. 개발한 이유는 우리나라의 정형시로 내려오는 시조만으로는 현대 언어나 감정을 다 수용하지 못한다고 생각하기 때문입니다. 많은 시조시인들이 과거의 언어에 매달리고 있는 것도 그 때문인데 정형시의 형태가 꼭 시조 하나만을 유지할 필요도 없고, 다양한 형태의 정형시가 나오면 나올수록 문학사적으로나 시적인 운신의 폭이 넓어진다고 생각했고 전통율격을 살린 3,4,5,6조의 민조시가 필요하다는 인식을 진작부터 해왔기에 2000년 6월에 '새 정형시 民調詩 (3·4·5·6調) 개척 선언문'을 채택 발표하기에 이르렀습니다.

이 글에서 '민조시가 무엇인가?'를 소개하기 위한 목적이므로 더 이상의 사족이 필요 없을 것 같다.

풍시조란 무엇인가

풍시조(諷詩調)라는 새로운 장르를 창안한 시인 박진한은 풍시조로만 현재(2010) 12권의 시집을 냈다. 그는 1960년 《동아일보》 신춘문예로 등단하였고, 『귀로』, 『사랑법』 등의 시집을 펴냈으며, 시문학상, 비평문학상, 펜문학상, 윤동주문학상 등을 받았다. 현재 월간 《조선문학》 발행인 겸 주간을 맡고 있다.

풍시조 보급 운동을 활발히 전개하고 있는 박진환 시인의 창작정신과 지칠 줄 모르는 노고에 박수를 보내며, 풍시조가 우리 시의 발전에 기여하는 계기가 되어 주기를 기대해 본다.

박진한 시인이 그동안 주장해 온 풍시조의 개념, 원리, 시학과 시법, 형식, 주제, 표현기법, 특징 등을 먼저 요약하여 살펴보고, 그의 작품 3편을 제한적으로 읽어 보려 한다. 박진한의 풍시조와 관련하여 발표된 여러 자료를 요약하여 소개하는 수준임을 밝혀 둔다. 풍시조의 좋고 나쁨을 따지기보다는 그 존재만을 알리는데 목적이 있기 때문이다.

개념

풍시조(諷詩調)란 '풍자조(諷刺調)'로 쓴 3행 시이다. 풍자적 요소를 매우 중시한다. 풍자적 대상을 왜소화시키는 방법을 통해 조롱하고 멸시하며 농락하는 요소를 포함한다. 풍시조와 풍자조는 분명히 그 시학이나 시법을 달리하고 있다.

원리

풍시조의 원리는 양극화와 양극화를 합일시켜 화해로운 시의 질서를 이끌어낸다. 수사적으로 말하면 동떨어진 것을 결합시켜 원인적(遠引的) 비유를 성립시키는 컨시트를 즐겨 동원한다. 이것은 양극화와 이를 결합시켜 합성해 내는 컨시트가 담당한다는 이치를 성립시키게 되고 동시에 순수한 통징의 감행을 통해 지적 카타르시스를 체험하게 하는 시이다.

시학과 시법

풍시조는 형이상시와의 맥락성을 강조하면서 출발한 시다. 그 때문에 형이상시학과 시법에 시의 본질과 방법이 잇대어 있다. 풍시조에서 풍자는 단순한 풍자와는 달리 '순수한 통징'을 시법으로 한다. '순수한 통징'은 정신적이고 지적인 징벌을 의미하며 법적, 물리적 힘에 의한 육체적 고통의 감행이 아니라 정신적 감동이나 지적 깨달음을 통해 스스로의 잘못을 카타르시스하는 그런 징벌이다.

첫 번째, 시학과 시법은 개인적 카타르시스를 뛰어 넘어 집단 카타르시스를 추구한다. 사회 현실, 시대 전반에 걸쳐 자행되고 있는 악이나 부정, 부조리에 대한 통징을 감행한다. 이러한 시적 체험은 정신적 치유로서의 개선이나 악의 교정을 이루어낸다. 이를 위해 동원된 시법이 아이러니, 펀, 골계, 유머와 같은 지적 레토릭이다.

두 번째, 양극화의 시학과 시법을 즐겨 차용한다. 상반이나 상충의 두 대립적인 양극성을 통해 평평한 긴장을 고조시켰다가 상반의 균형으로 화해를 이끌어냄으로써 긴장으로부터 해방되는 카타르시스를 체험하게 하는 지적 체험이 그것이다. 풍시조가 역설, 반어. 펀과 같은 아이러니를 즐겨 레토릭으로 동원하는 것은 이 때문이다.

세 번째, 시학과 시법이 컨시트다. 컨시트의 사전적 의미인 기발한 착상이라는 의미와는 달리 컨시트가 성립시키는 레토릭으로서의 기능은 시법 차원의 해석을 요구한다.

단순한 착상으로서 기발성, 의외성, 당돌성이 아닌, 서로 합일될 수 없는 양극성을 교묘히 합성 내지 결합시켜 내는 내면적인 힘의 능력으로서의 상상력과 위트가 합작해 이끌어내는 결합의 기발성이 곧 컨시트로서 이는 레토릭 차원을 넘어선 현대 시법의 중요한 하나라고 할 수 있다.

형식

풍시조는 평시조의 3장 형식을 따르지만, 평시조 가락에 구애받지 않는 자유로운 음수율(음보)은 자유시와 똑 같다. 기사 방법은 3행 모두 우측 정열이다.

주제

3행시에 담긴 주제는 순응적인 평시조와는 사뭇 다르다. 풍시조는 사회 비판적이고 권위 뒤집기와 관련한 주제를 채택한다.

표현 기법

시의 미학적 표현 기법으로 위트와 펀, 유모와 아이러니, 메타포 등을 채택한다.

특징

풍시조는 형이상시의 특징을 지닌 시를 요구한다. 양극화를 통한 풍시조의 시적 텐션과 결구력은 이 세상의 부조리와 비리, 도덕과 윤리의 부재, 환경오염으로 유발된 기상재해 등과 여야의 극단적인 대치정국과 거기에서 오는 폭력적인 정치 현실 등, 시대적 죄의 부패성을 탄식하며 정상화를 촉구하는 순수한 통징을 담고 있다. 따라서 풍시조는 형이상시의 특징과 그 맥락을 같이한다.

諷詩調는 새로운 시의 하위 양식으로서의 위상을 분명히 설정하고 이를 시로서 실천하는 시학의 실제에 진일보하고 있다. 아직 범문단적인 인식이나 관심의 환기는 미미하여 민조시와는 달리 공식적인 지지를 받지는 못하고 있다. 최근 참여 시인의 수가 증가할 뿐만 아니라 諷詩調의 질적 수준도 점점 높아지고 있어 풍시조의 앞날이 밝다.

박진한은 《풍시조》(2009, 제3호)에서 "諷詩調는 이런 見者詩學을 실천함으로써 物神時代의 부조리나 비리, 그리고 악행 등에 대한 살아 있는 양심의 육성을 표출할 것을 자청한다."라고 주장하였다. 풍시조는 시조의 한 갈래가 아니다. 글자를 유심히 들여다보면 시절가(時

節歌)를 뜻하는 시조(時調)가 아니고 시조(詩調)이다.

박진한의 풍시조집과 《풍시조》라는 제호의 문예지는 풍시조가 지향하는 '위트 편 컨시트와 순수한 통징(痛懲)의 미학'이라는 취지에 걸맞게 정치 풍자, 사회 풍자를 중심으로 일정 수준의 좋은 실험 결과물을 보여 주고 있다. 풍시조가 어느새 우리 시단에 많이 확산되었다.

특히, 《풍시조》(조선문학사) 창간호에서는 장르 개념을 제시했고, 제2집에서는 풍시조에 대한 문단의 방향, 그리고 제3호에서는 풍시조의 명명이나 성격만이 아닌 풍시조의 시학을 제시했다.

등단 50주년을 맞은 박진환 시인이 30번째 시집 『물신시대(物神時代) Ⅰ』을 출간했다. 이 시집에는 물신시대의 병폐와 비리를 해학적으로 고발하는 풍시조 133편을 실었다. 풍자적 성격이 강한 '풍시조'로는 열두 번째 시집이다.

풍시조란 풍자 투로 쓴 삼행시로, 단순한 풍자와는 달리 시대적 비리나 부조리를 문학적으로 엄하게 징벌한다는 의미의 순수한 통징을 강조한다.

시인은 "인구에 회자되지 않더라도 살아 있는 양심의 육성도 낼 필요가 있다고 생각한다."라고 인식하고 있다. 이어 "물신주의가 지배하는 시대를 꼬집어야 했고 비리와 악행이 만연한 세태를 정신적으로 일깨워야겠다는 생각에 정신적 깨달음을 주는 장르인 풍시조를 만들었다."라고 주장했다.

박진환 시인의 제28시집 『풍시조·X』에 수록된 풍시조 두 편을 읽어 보겠다. 문학평론가 최규철의 해설을 요약했다.

> 동맥경화증은 피가 돌지 않아 생긴 병
> 요즘 코리아의 경제가 동맥경화증에 걸렸단다
> 그렇구나 피가 곧 돈, 돈이 곧 피라는 등식이 이시대의 공식이구나
> ―「피가 곧 돈」 전문

이 풍시조의 "피가 곧 돈, 돈이 곧 피라는 등식이 이 시대의 공식이구나"에서 피와 돈이라고 하는 전혀 유사성이 없는 두 사물과 개념을 기발하게 결합하여 조화를 이룬 컨시트의 전범을 보여 주고 있다. 즉 피가 돌지 않으면 육체가 죽는다고 하는 생리학적인 이론을 경제적인 질서 속에 적용하여 돈이 돌아가지 않으면 사회가 죽는다고 하는 등식으로 풀어감으로써 아주 동떨어진 이질성 속에서 정교한 유사성을 찾는 컨시트의 효과를 누리고 있다. 피는 생명체요 돈은 비생명체의 표상이라 볼 수 있는데 이 두 극단적인 양극화 현상에서 유사점을 발견하고 시로서 형상화했다고 하는 것은 대단한 기지가 있는 메타포인 것이다.

이 시는 황금만능주의와 배금주의 사상의 병폐를 고발한다. 인류의 구원을 위해서는 이런 물신주의 사상에서 탈피해야 한다는 형이상학적 메시지를 담은 순수한 통징이 곁들어 있다. 피와 돈을 등식으로 보아서는 안 된다고 하는 아이러니가 있고, 『피가 곧 돈, 돈이 곧 피』라고 하는 패러독스가 들어 있다. 그리고 인체의 생물학적 관점에서 돈의 기능에 대한 경제학적 유사성을 발견하고 생물학과 경제학 용어를 정서의 지적 등가물로 활용한 시적 기법은 형이상시의 요서를 다분히 지닌 시라 할 수 있다.

악법·약법, 청문회, FTA로 여·야 붙어도 한판 크게 붙겠다
탓하지 말 것이 싸워야 국회답지 잠잠하면 그게 더 두려워
마찬가지야, 아이들도 싸움질하면서 크지 않던가
―「아이들도 싸우면서 커」전문

여의도에서 빈번히 일어나는 국회의원들의 난투극을 꼬집고 있다. 아이들이 싸우면서 커 가듯이 국회의원들도 싸우면서 커 가야만 하는가 하는 시인의 통탄이 곁들어 있다. 성숙해야 할 국회의원들과 성숙하지 못한 나이인 어린이들의 양극 현상을 동류 부류로 간주하여 이질성 속의 유사성을 찾는 시인의 기지가 번떡인다. 여기에는 양극간의 이질성이 유사성으로 바뀌는 과정에서 서로 잡아당기는 강력한 문장도 들어나 있다. "싸워야 국회답지"에서는 국회가 싸움판이 되어서야 되겠는가 하는 아이러니의 성격을 띤 비아냥거림도 있고, 국회가 변화되기를 촉구하고 갈망하는 통징도 들어 있다.

문학평론가 최규철은 "박진환 시인의 풍시조에는 형이상시가 갖는 여러 가지 특징을 골고루 갖추고 있다. 그의 풍시조는 패러독스와 아이러니, 그리고 거기에서 유발되는 양극화 현상에서의 텐션, 압축된 시의 의미성 등이 바로 그것이라 하겠다. 그렇다고 해서 풍시조가 다 형이상시인가에 대해서는 그렇다고 전적으로 수긍은 할 수 없으나 상호 유사성이 많다는 점에서 형이상시와 같은 시적 효과를 누리는 시라고 말할 수는 있다."라고 주장하였다.

이와 같은 풍시조 이론을 비판 없이 그대로 수용할 수 있는 여건

이 우리 문단에 조성되어 있는 것인가. 어떻게 보면 수용이라는 측면보다 새로운 시 형식을 보급하고자 하는 일종의 문예 운동으로 평가할 수 있을 것 같다. 2000년대 민조시와 더불어 새로운 시형 운동을 전개하면서 시인을 등단시키고 있음은 정착 단계라 보아진다.

제4장 짧은 시 읽기

　단시(짧은 시)를 읽고 나면 뒤통수를 한방 얻어맞는 느낌이 드는 시가 있는 반면에 아무런 감응이 없는 시도 있다. 뒤통수를 한방 얻어맞는 느낌의 단시를 읽고 나면 우리는 흔히 '촌철살인'이라고 넉자로 표현한다. '촌철살인'이란 사전적 의미로 '한 치의 쇠붙이로도 살인한다는 뜻으로, 간단한 경구(警句)로도 남을 감동시키거나 남의 약점을 찌를 수 있다는 비유의 말'이다. 이처럼 단시는 짧지만 굵은 의미와 강한 이미지가 응축되어 있기 때문에 그 시에서 뿜어내는 메시지가 예리하다.

절장시조란 무엇인가
― 시조의 이단형, 하이쿠의 한국적 기형

신라의 향가를 비롯한 고려의 속요, 조선의 시조와 가사문학이 이 땅에서 발전을 거듭해 왔다. 하지만, 근세에 들어 자유시라는 이름으로 서구의 시풍과 시론을 받아들였다. 이것은 모더니즘, 초현실주의(Surrealism), 포스트모더니즘, 무의식의 자동기술 등을 우리의 정체성과 연계하여 아무런 반성적 성찰도 없이 현대성의 수용이라는 차원에서 지난 한 세기를 풍미했다. 그 결과 시가 다양해지고 수준이 높아졌다고 평가하기도 한다. 그러나 현대성을 수용한 그들이 우리 시를 무의미한 잔소리, 피폐한 난해성으로 몰고 가는 바람에 우리 전통시가 정체성을 잃어버렸고, 얼이 실종되어 버리는 씻을 수 없는 상처를 입었다.

이제(2011) 우리 시조단에도 어떤 큰 변화가 일어나야 할 때가 된 듯하다. 새로운 형식과 언어 실험이라는 과정을 거치면서 그동안 잘못된 길로 너무 멀리 벗어나 버린 것이 사실이다. 상처 입은 우리 시의 전통성을 치유하고 회복하는 과업 수행이 절실히 요구된다.

우리 전통적 시적 미학을 갖춘 시조가 자칫 잘못하면 절장(단장)시조라는 미완의 실험성 때문에 무미건조한 수준의 한낱 휴지조각처럼 취급될 수도 있겠다는 우려가 앞선다. 더불어 우리 고유의 얼이 깃든 완결의 시조 율을 버리고 그 완결성에서 떼어 낸 토막 난 미완의 절장시조 율을 좇는다면 축소지향적 일본인 정신을 맹목적으로 따르는 얼빠진 시조가 되지 않을까 두려움도 밀려온다.

현대시가 서양의 문장부호를 일찍이 수용한 반면에 시조는 광복 전까지 본문에 문장부호를 거의 사용하지 않았다. 세로쓰기의 경우 일본어의 쉼표(,)와 마침표(。)에 해당하는 것이 도입된 이후 육당 최남선의 시조집 『백팔번뇌』를 시작으로 표기하였지만, 그 또한 드물다. 문장부호 하나만 보더라도 시조는 우리 전통시로서 순결성을 지켜오다가 현대의 옷으로 점점 갈아입기 시작하였다.

3장 6구의 시조도 단시형인데 여기다 종장 한 장만을 채택하는 절장시조는 '초단시형'이라 말해도 될 것 같다. 절장시조는 하이쿠처럼 단시형이라서 자칫하면 경구나 속담, 좌우명과 같은 비시적(非詩的) 수준으로 전락해 버린다. 이런 절장이 허다하다.

노산 이은상이 제창한 양장시조는 시조가 근원적으로 초장과 중장이 결합할 수 있는 형식이므로 어느 정도 타당성을 인정받았다. 하지만, 이명길이 제창한 절장시조(이하 절장)는 시조에 반기를 든 이단적 형식이었고, 하이쿠의 한국적 기형으로 변형된 문학 양식으로 인식되었다. 그러한 부정적인 기류 속에서도 시조시인 최승범, 경철, 허일 등이 절장의 실험적 발표를 계속 이어 왔다.

절장에 동조한 시인의 대부분은 일본에서 유학하였거나 일제강점기에 교육을 받았기 때문에 하이쿠 정신을 부담 없이 수용할 수 있었던 것 같다. 이들이 시조단을 이끌어 왔고, 영향력을 행사한 시인이었기에 시조의 하위 갈래에 절장이 안착할 수 있었다. 이들의 실험정신이 결국 문학에 있어 우리의 얼이 깃든 전통시를 파괴함과 아울러 우리의 얼마저 상실하게 하여 그 빈자리에 축소 지향적 일본 정신을 뿌리 깊게 박아 놓은 결과를 낳았다. 절장은 시조의 이단형이면서 하이쿠의 한국적 기형이다.

  그동안 간과해 온 절장의 불완전성을 시조단에서는 분명한 선을 그을 필요성이 있다. 지금까지 시조의 한 유형으로 포함시켜 놓은 것부터가 문제이다. 이제는 절장을 시조의 하위 갈래에서 내쳐야 할 시기가 도래하였다. 시조단 스스로 자성하여 내쳐야 한다. 시조의 특징을 살리지 못하고 일본 하이쿠를 꼭 빼닮아 버린 표현과 묘사는 결국 시조 정신마저 말라비틀어지게 할 것이기 때문이다.

  "일본에서는 한시를 비롯해 와카[和歌]와 렌카[連歌] 가운데 정아(正雅)한 것으로 인정될 수 없는 이단(異端)의 작(作)을 하이카이라고 부르게 된 것이다. 그중에서도 하이카이렌카[俳諧連歌] 가운데 5·7·5의 음절로 된 첫구의 홋쿠가 따로 분리되어 독자적인 문학 양식을 이룬 것을 하이쿠[俳句]라고 부르게 된 것이다."1) 이를 비추어 볼 때 절장 역시 시조에서 분리하여 독자의 길을 걸어가야 함이 마땅하리라 여겨진다.

  이 글에서 절장과 하이쿠를 비교해 가면서 절장이 시조의 이단형이고, 하이쿠의 한국적 기형임을 밝혀 보고자 한다. '절장을 시조의 갈래에서 내쳐야 하는 당위성을 확보하기 위한 최소한의 길인 것이다. 하이쿠와 절장의 보편성을 비교하여 반성적 성찰을 하고, 개별 작품에 대한 접근을 통해 절장의 새로운 출구를 제시하려 한다.

---

1) 이어령, 『하이쿠의 시학』, 서정시학, 2009, 275쪽.

관념시 고시조, 사물시 하이쿠, 형이상시 현대시조

　모두 다 그러하지는 않겠지만, 고시조는 관념시, 하이쿠는 사물시, 현대시조는 형이상시로 분류하기도 한다.
　고시조는 대체로 관념시에 머물렀으나, 현대시조는 자유시의 변화와 함께 형이상시(Metaphysical Poetry)로 발전해 왔다. 이것은 미국의 신비평가 랜슴[John Crowe Ransom](1888~1974)의 주장처럼 사물시나 관념시 이 둘 모두 편협한 시이므로 제3의 바람직한 유형으로서 자유시와 함께 현대시조 역시 발전을 모색하여 왔다. 관념시는 비유적 심상의 시로서 사상이나 관념을 나타낸다. 사물 이미지의 제시보다는 관념이나 의지의 표현에 주력하게 되면 관념시로 분류한다. 사물시는 묘사적 심상의 시로서 사상이나 관념을 나타내는 것보다 사물의 심상 그 자체로 존재한다. 하이쿠가 여기에 속한다.
　문덕수는 『시론』(시문학사, 1996)에서 "사물시가 반쪽시(반시, Half Poetry)라면 관념시는 사이비시(Bogus Poetry)다. 관념시는 이미지 뒤에 관념을 숨겨 두고 그것이 참된 사물인 것처럼 가장하려고 하지만, 그러나 그 이미지는 자연이란 합리적이며 논리를 통해서 소유할 수 있음을 입증할 것 같이 항상 관념으로 번역되어 갈 수 있는 것이다."2)라고 하였다.
　우리 시에서도 사물시를 얼마든지 찾을 수 있다. 그 예로 박목월의 시 「불국사」를 읽어 본다.

　　흰달빛

---

2) 문덕수, 『시론』, 시문학사, 1996, 233-234쪽.

紫霞門

달안개
물소리

大雄殿
큰보살

바람소리
솔소리

泛影樓
뜬그림자

흐는히
젖는데

흰달빛
紫霞門

바람소리
물소리

— 박목월, 「불국사」 전문

　이 시는 사물의 심상 그 자체로 존재하는 이미지즘(Imagism) 시, 사물시(Physical Poetry)이다. "흰달빛/ 자하문"은 자연의 한 대상인 "흰달빛"과 사물의 한 대상인 "자하문"과 "대웅전, 큰보살"이라는 시적 대상을 제시하고 있다. 여기에는 어떤 도덕이나 사상과 관념이 없다. "달안개/ 물소리"라는 정경 묘사는 감각적 이미지만 제시하였을 뿐, 아무런 사상도 관념도 없다. 즉, 달안개는 시각적 이미지, 물소리는 청각적 이미지로서 공감각적 이미지를 형성하고 있다.

통사적 구조는 조사와 접속사가 없는 명사 종결형이다. 이 시를 서술어가 없는 명사로만 구성된 시라고 주장하는 사람도 있다.3) 그러나 실제 6연의 "흐는히/ 젖는데"만은 동사 연결 어미로서 서술어이다. 그래서 6연만은 이질적인 통사 구조를 갖추고 있다.

여기서 최승범의 절장 4편4)을 먼저 감상해 보려 한다.

> 깨알도 절로 쏟아지는 신량(新涼)의 맑은 고적(孤寂)
> 　　　　　　　　　　　　　　　　　 ― 최승범, 「가을」 전문

시적 자아가 가을을 암시하는 깨알과 신량[서늘함]을 관조하는 즉물적 감각 표현으로 고적[쓸쓸함]을 이루어 낸다. 이것은 깨밭을 바라보는 시각적인 표현과 촉각적인 서늘함이 만난 공감각적 표현으로 쓸쓸함을 자아낸다.

현상학적 측면에서 보면, 공간(들녘, 깨밭), 시간(가을), 자아(마음)를 합일화한 시이다. 마치 깨알이 쏟아지는 모습이 보이고, 소리마저 들릴 것 같다. 그 작은 깨알이 쏟아지는 것이 보일 리 없고, 소리가 들릴 리 없지만, '가을'이라는 시간성은 서늘함과 맑음과 쓸쓸함을 시인에게 안겨다 주었다. 즉, 시인의 생각이 '가을'의 시간성으로부터 서늘함, 맑음, 쓸쓸함을 획득하였다.

---

3) 신경림, 『신경림의 시인을 찾아서』, 우리교육, 2002, 308쪽.
　"동사를 일체 배제한 채 간명하고 인상적인 명사만 가지고……"라는 대목이 있다. 이것은 인식의 오류임이 확실하다. 그럼에도 이를 그대로 수용하여 인용하는 사례도 허다하다.
4) 한춘섭 외, 『한국시조큰사전』, 을지출판사, 1985, 959쪽.

날씨가 쌀쌀해지기 시작하는 가을이 되면 하늘이 높고 맑지만, 서늘하다. 그 서늘함이 스며든 맑고 쓸쓸한 고요 속에서 깨알이 절로 쏟아질 것만 같다. 최승범의 의식 공간에서 절로 떨어지는 깨알은 맑은 '가을'의 시간성과 대칭한다. 그 시간성은 쓸쓸한 공간과 겹쳐 있기도 하다. 「가을」은 하이쿠의 '다다미에 떨어지는 동백꽃'을 연상하게 하는 절장이다.

소리를 내며 다다미에 떨어지는 동백꽃인가
音なして畳に落る椿かな
— 료스이[呂誰]

이 하이쿠도 현상학적 측면에서 보면, 공간(다다미), 시간(겨울), 자아(마음)를 합일화한 시이다. 이어령은 이 하이쿠를 "아름다운 생명이 붕괴되는 그 순간의 소리, 상상적 공간에서는 유리가 떨어져 부서지는 듯한 소리가 났을지도 모른다. 그러나 현실적으로는, 더구나 바닥이 딱딱하지도 않은 '다다미' 위에서는 시들어 떨어지는 동백꽃의 소리를 듣기란 어려운 일이다. 설사 소리가 났다 해도 그것은 오히려 더 큰 침묵의 소리일 것이다. 그러므로 '소리를 내며'라는 표현은 반대로 소리도 없이 떨어지는 꽃의 아픔을 말해 준다. 료스이는 의식의 공간에서 소리를 내며 떨어지는 동백꽃을 조용한 '다다미'의 공간과 대칭시킴으로써 그 소리를 밖으로 끌어내었던 것이다."5)라고 하였다. 이 하이쿠와 최승범의 절장 「가을」을 비교해 보면 절장에 우점(優點)을 매길 수 있겠다.

---

5) 이어령, 앞의 책, 45-46쪽.

도솔란 오동색 꽃 끝에 비행을 멈춘 낙천가
　　　　　　　　　　　　　　　　－ 최승범,「고추잠자리」전문

　고추잠자리를 낙천가로 의인화하였다. 이 절장은 시조의 특징인 관념화가 아닌 하이쿠의 특징인 시각화에 치중하였다. 즉물적인 것이다. 이 절장은 시조 종장이 가져야 하는 관념이 전혀 없다. 오로지 하이쿠처럼 두 사물의 결합으로 확산되는 시적 이미지만이 존재한다.

　"도리아와세[병렬법]에 의한 두 사물의 만남, 그 융합과 상호작용을 통해 제삼의 요소로 발전 확산되는 시적 이미지의 추출과 발견이 하이쿠의 특성"6)인 것처럼 이 절장은 '도솔란 꽃'과 '고추잠자리'가 만나 '낙천가'로 확산된다. 이것만 보더라도 하이쿠와 닮은 즉물적 사물시임을 알 수 있다.

　　　풀섶길 달려오는 소녀. 하이얀 칼러에 젖어든 향내
　　　　　　　　　　　　　　　　－ 최승범,「백합」전문

　　　「내 머릴 선산 발치로 돌려다오!」호곡 없는
　　　요(寥)
　　　요
　　　적(寂)
　　　적
　　　　　　　　　　　　　　　　－ 최승범,「임종」전문

　「백합」과 「임종」이 언뜻 보면 사물시가 아닌 듯하지만, 사물의 심

---
6) 위의 책, 299쪽.

상에 치중한 묘사적 심상의 사물시임을 알 수 있다. 「백합」은 '소녀'와 '풀 향내'가 병치 융합하여 하얀 색채와 풀섶 길의 공간이 새로운 심상으로 확산해 나아간다. 「임종」은 '선산'이라는 '고요'한 공간을 지향하는 심상이다. 예전에는 죽으면 선산에 묻혔다. 그 '선산'이라는 공간이 '고요함'이라는 아이러니 공간을 만들어 낸다. 따라서 이 2편의 절장도 옛시조처럼 관념이나 의지의 표현에 주력하거나, 현대시조처럼 형이상적인 것을 지향하지도 않고, 하이쿠의 창작 기법을 원용한 것이라 여겨진다. 결국, 하이쿠의 냄새가 난다.

  현상적 측면에서도 「백합」은 하이얀 '옷깃'을 대신하여 '칼러'라는 외래어를 사용하였는데 이질감을 주는 언어이다. 이것으로 인해 풀의 향내가 하이얀 옷깃에 젖어드는 것이 아니라, 오히려 풀의 향내가 날아가 버릴 듯하다. 「임종」은 죽음에 대한 적막감이 밀려오는 지극히 주관적 시점의 표현이기도 하다. 그러면서 적요함을 강조하기 위해 한 글자씩 분행하여 기사하였다.

하이쿠를 모방한 절장시조와 단시조, 단시

    강아지 꼬리에 흰 눈 얹고 이리저리 뛰는 꽃
                           — 이명길, 「무심(無心)에서」 전문

  이 절장은 회화적이다. 세상을 흑백으로밖에 볼 수 없는 강아지는 눈이 오는 날이면 미친 듯이 좋아서 꼬리를 흔들며 폴짝폴짝 날뛴다. 그 날뛰는 강아지 꼬리에 흰 눈이 얹혀 있는 것으로 보아 강아지가 잠자는 동안 눈이 내렸나 보다. 잠에서 깨어난 강아지는 하늘에서 내려오는 눈을 보고 이리저리 뛴다. 이것을 시 제목 '무심'과 연결해 보면 참 그 강아지는 생각 없는 행동을 하기는 한다. 시인은 어떤 사람을 강아지의 이런 꼴과 동일시해 놓은 것이다.

아래 하이쿠와 비교해 보면 깜짝 놀랄 것이다. 시상이 같음을 알 수 있다.

눈 위에
고양이의 발자국
매화나무의 꽃7)

이 하이쿠를 두고 이어령의 『하이쿠의 시학』에 의하면 에즈라 파운드가 「달타니언의 20년 후」에서 다음과 같이 설명하였다 한다. "대부분의 하이쿠는 두 개의 측면을 지니고 있다. 이것을 부주의한 자가 읽는다면 단순히 두 면밖에는 보지 못할 것이다. 즉, 두 개의 시각적인 이미지만으로 이해하게 될지 모른다. 하지만, 이 두 개의 이미지는 그 사이에 넓은 공간과 색채의 확산을 자아낸다. 거기에는 제삼의 요소로서 매화의 열매에서 고양이의 발자국 그림자에 이르는 번짐이 있다. 거기에는 제삼의 요소로 포착된 분위기 이외의 어떤 우의(寓意)도 담겨져 있지 않다. 그러나 하이쿠가 단순히 이질적인 것을 한데 병치하였을 때 생기는 이미지의 확산이라고 하는 것은 좀 더 세심한 검증과 설명이 필요하다."8)

이 하이쿠는 고양이가 눈 위에 남긴 발자국과 눈 속에서 피어나는 매화를 동일시해 놓았다. 하얀 눈 위에 조용히 지나간 고양이 발

---

7) 위의 책, 299쪽.
8) 위의 책, 299-300쪽.

자국이 매화꽃처럼 맑고 순수하다는 의미이다. 이질적 이미지인 '매화꽃'과 '고양이'가 서로 병치 융합하여 단일적인 새로운 이미지로 확산되어 번져 나간다.

이명길의 절장 강아지가 이리저리 뛰며 남겨 놓은 산만한 발자국과 하이쿠의 고양이가 조용히 남겨 놓은 발자국과 비교해 보면 이명길의 절장은 동적이고, 하이쿠는 정적인 분위기가 감돈다.

이명길 시인은 시조의 특징인 관념화에 충실하려 했던 흔적이 보인다. 하지만, 이질적 이미지인 '꽃'과 '강아지'가 서로 병치 융합하였다 하더라도 단일적인 새로운 이미지로 연결되지 못했다. 시를 아는 많은 사람에게 이 두 수를 놓고 점수를 매겨 비교해 보라면, 부끄러운 일이지만 강아지(절장)보다는 고양이(하이쿠)에 더 많은 점수를 던질 것이다. 예를 든 절장이 시조의 묘미를 상실한 기형이 되어 버렸기 때문이다.

이처럼 절장은 하이쿠 같으면서도 시조도 아닌 시형이 되고 말았다. 절장은 시조의 팔 다리를 잃은 몸통만 있는 형상이다. 시조는 3장이 제격이다.

여기서 자유시 형태의 짧은 동시를 한 편 감상해 보려 한다. 윤동주의 동시 「개」도 위 절장과 하이쿠와 시상이 동일하다. 하이쿠의 시상을 차용한 듯하다.

    눈 위에서
    개가
    꽃을 그리며
    뛰오.

— 윤동주, 「개」 전문9)

윤동주 동시 「개」는 하이쿠의 '고양이'가 '개'로, '매화나무 꽃'이 '꽃'으로 바뀌어 있는 모습이다. 윤동주 시인도 일제강점기에 일본식 교육을 받았고, 일본에 유학을 하였기에 당연히 하이쿠를 접하였을 것이다. 단정할 수는 없지만, 시상을 차용했다는 추측은 가능하다. 아니면 우연의 일치일까?

우리나라에 잘 알려져 있고, 세계적으로도 널리 알려져 있는 바쇼의 하이쿠, 그리고 이 하이쿠와 시상을 꼭 빼닮은 시조 한 편을 읽어 본다.

> 고요함이여 바위에 스며드는 매미의 소리
> 閑かさや岩にしみ入る蟬の聲
>
> ― 바쇼[芭蕉]10)

이 하이쿠에서 바쇼는 어떠한 관념화나 부연 설명을 하지 않고, 공감각적 표현만으로 생물인 매미와 무생물인 바위를 마주보게 하여 새로운 이미지와 의미를 만들어 내었다. 즉, 바위와 매미를 한 공간에 데려와 고요함을 창조해낸 것이다.

바위와 매미를 병치시켜 놓고, 즉물적 감각 표현으로 고요함을 만들어 냄과 동시에 하이쿠의 시적 깊은 맛을 살려 내었다. 이것은 청각적인 시끄러운 매미 울음소리와 시각적이면서 촉각적인 딱딱한 바위가 만나 새로운 이미지와 의미로 빚어진 것이다.

---

9) 윤동주, 『새벽이 올 때까지』, 오상출판사, 1987, 60쪽.
10) 오석윤 편, 『일본 하이쿠 선집』, 책세상, 2009(4판), 18쪽.

짜아한 매미 소리
돌 틈으로 스며들고

구름도 산도 숲도
바람마저 조는 오후

톡,
톡,
톡,
고요를 딛고
솔방울이 구른다.

― 허일, 「참회」 전문

　허일의 단시조 「참회」의 초장 "짜아한 매미 소리/ 돌 틈으로 스며들고"를 바쇼의 매미 소리와 비교해 보면 시상을 그대로 차용한 것을 알 수 있다. 허일은 바쇼의 하이쿠의 "고요함이여"에 대응한 "고요"를 종장에 배열하여 시조의 특징에 걸맞게 주제로 삼았고, 중장에서는 사물을 의인화하여 "구름도 산도 숲도/ 바람마저 조는 오후"라고 한적함을 표현함으로써 한층 더 깊은 고요한 분위기를 조성하였다.
　문제는 초장에 있다. 하이쿠의 "바위에 스며드는/ 매미의 소리"를 "짜아한 매미 소리/ 돌 틈으로 스며들어"라고 순서와 단어를 바꾸었지만, 시상은 그대로 차용했음이 쉽게 드러난다. 이것은 허일이 하이쿠에 대해 많은 연구를 하였고, 대학 강단에서 하이쿠를 강의한 적이 있기에 의도적으로 차용했을 가능성이 높다.
　이것은 허일의 단장시조집 『촌철살인의 단장시조, 일도류의 하이쿠를!』(시조문학사, 2009)에 수록된 64편의 절장이 3·5·4·3 자수율만이 하이쿠 5·7·5와 다르고, 내용은 사생주의적 하이쿠 작풍으로 읽혀지고 있음과 무관하지 않은 것 같다.

바쇼의 하이쿠 '매미'처럼 생물과 무생물을 마주보게 하여 고요함의 이미지를 만들어 내는 하이쿠와 하이쿠 작풍으로 창작한 절장을 더 읽어 본다.

  해묵은 연못이여 개구리 뛰어드는 물소리로다
  古池や蛙飛びこむ水の音
                 — 바쇼[芭蕉]

이 하이쿠는 미국 교과서에 소개되어 있을 정도로 세계적으로 널리 알려져 있다. 우리나라에서도 널리 알려져 있어 "오랜 연못에 개구리 뛰어드는 물소리 텀벙", "오래된 연못 개구리 뛰어드는 물소리 풍덩" 등으로 번역되기도 하였으나, 이어령의 『하이쿠의 시학』에 수록된 것이 가장 하이쿠답고 물소리가 난 다음에 밀려오는 고요함을 가장 잘 표현한 번역이므로 여기에 인용하였다.

앞에서 읽어 본 바쇼의 하이쿠 매미의 고요함과 잘 비교해 볼 필요가 있다. '매미'를 '개구리'로, '바위'를 '연못'으로, '매미 소리'를 '물소리'로, '스며든다'를 '뛰어든다'로, 대치되어 있음을 알 수 있다.

  소나기
  지나간 자리
  청개구리 한 마리

— 허일, 「적요」 전문

　　허일의 「적요」는 『촌철살인의 단장시조, 일도류의 하이쿠를!』에 수록된 64편의 절장 중 한 편이다. 이 절장이 요구하는 고요함은 바쇼의 '개구리'의 시상을 차용한 고요함이다. 시적 수준은 그저 흉내만 냈을 뿐 하이쿠의 시적 깊이와의 맞섬에서 패배한 꼴이다. 바쇼의 개구리의 핵심 열쇠는 시간의 영원성이 내포된 '해묵은 연못'이라는 공간이다. 이 공간에 바쇼는 침묵과 정적을 장치해 놓았다. '해묵은 연못'은 흘러온 오랜 세월을 측량할 수 없는 시간의 초월성을 내포하고 있어 개구리가 뛰어드는 한 순간의 시간을 액체화하여 멈추게 만든다. 앞의 바쇼의 '매미'에서도 시간의 영원성을 내포한 '바위'가 매미 소리를 고체화하여 멈추게 만드는 시간의 초월성 때문에 고요함의 깊이가 더해진다.

　　허일의 「적요」에서는 바쇼의 '해묵은 연못'과 '바위'에 의해 표상된 고요함과 정적감이 너무나 미약하다. '소나기'는 영원성과는 거리가 먼 일시적인 기상 현상이라서 그 정적감의 깊이가 거의 없다. 그래서 시상을 차용하여 고요함을 약간 드러냈으나, 너무나 평면적인 표현이라서 시적 수준을 갖추기에는 빈약하다는 느낌을 지울 수 없다.

　　바쇼의 '개구리'는 무엇에 놀랐는지 개구리 떼가 물소리를 내며 연못으로 일제히 뛰어든다. 그 뒤에 고요함의 깊이가 더해진다. 허일의 '청개구리'도 소나기 내리는 동안 울다가 소나기가 그치면 울음을 멎는다. 즉, 소나기 내리는 동안 울어 대던 청개구리가 소나기가 지나가고 난 뒤, 고요함을 획득한다.

　　그러나 소나기 지나간 뒤, 청개구리 한 마리라는 시각적 사생으로는 청각적 적요의 느낌이 약하다. 바쇼의 개구리에서는 시각적인 사생보다는 청각적 고요함으로 확산되어 나간다.

> 범종에 앉아 하염없이 잠자는 나비 한 마리
> 釣鐘にとまりて眠る胡蝶かな
>
> — 부손[蕪村]

고요한 절간의 범종에 나비 한 마리가 날아와 내려앉아 잠을 자고 있으니 범종의 소리가 멈춘 상태의 공간이다. 이 얼마나 적요한가. 범종과 나비 한 마리의 두 사물의 결합 작용으로 고요함으로 확산되어 가는 시적 이미지, 이것이 하이쿠다.

나비는 꽃에 앉아 꽃을 더 아름답게 웃게 하는 능력을 지녔다. 그래서 이 꽃 저 꽃으로 옮겨 다니며 꽃이 활짝 웃도록 날갯짓으로 간지럼을 태운다. 이러한 나비의 날갯짓은 '나비'와 '꽃'의 생명이 절정기에 이른 생동적인 이미지이다. 꽃 대신 차갑고 딱딱한 금속인 범종에 내려앉아 날갯짓을 멈추고 잠이 들었다면 이미 나비의 이미지는 움직임이 없는 죽음의 문턱을 넘는 것이다. 이것은 나비의 금속화를 통해 고요함을 번지게 하려는 의도이다.

허일의 절장 「적요」와 비교해 보면, '범종'에 내포된 소리의 영원성이 '소나기'와 소나기 내릴 때 울던 청개구리의 순간성의 소리보다 고요함의 깊이가 뛰어나다. 이래서 절장은 한계를 드러낸다.

아이러니 공간화

공간의 대립항

여기서 아이러니 공간화에 기여하는 공간 대립항의 절장을 살펴본다.

> 담벽에 풀 무성한 자리는 내가 자란 고향
> — 이명길, 「본향」 전문11)

이 절장은 무성한 풀의 아이러니를 공간화하였다. '담벽'과 '고향'은 대립항을 이루는 풀이 무성한 공간이다. 이 절장에서 "담벽에 풀 무성한 자리"가 "내가 자란 고향"과 등가적 관계로 표현되었다. 앞이 막힌 좁은 공간인 '담벽'과 확 터인 넓은 공간인 '고향'이 대응하여 그 담벽과 고향에는 풀이 무성함을 연출하고 있다. 좁은 공간인 '담벽'의 무성함이 넓은 공간인 '고향'의 무성함으로 전이하고, 시야와 생각의 폭으로 확산한다. 앞이 막힌 '담벽'의 이미지는 단절감을, 확 터인 '고향'의 이미지는 개방감을 주는 공간으로 대응한다. 여기서 '무성한 풀'의 푸름에 대한 색채감과 부피에 대한 물질감이 함의되어 있음을 알 수 있다.

이 절장은 아래 시키[子規]의 하이쿠와 비교해 보아도 아이러니 공간화의 기교면에서 뒤처지지 않는다.

---

11) 한춘섭 외, 앞의 책. 554쪽.
　— 《시조문학》 제3집(1961.7)에 발표한 '절장초록' 10수 중 1수임.

서늘함이여 석등화사석(石燈火舍石) 구멍도 또한 바다라
— 시키[子規]

시키[子規]의 이 하이쿠를 이어령은 "서늘함의 아이러니를 공간화한 것이다. 넓은 바다가 여기서는 '석등의 화사석 구멍에도 또한 바다'로 표현되고 있다. 고체인 석등의 돌과 바다의 액체가 대응되어 그 화사석 구멍은 더위에 감싸인 서늘함을 나타내는 것이다. 그것이 오히려 시야 전체를 바다로 노래하고 있는 것보다 더 서늘함을 고조시키고 있는 것이다. 한낮이 더우면 더울수록 여름날의 첫새벽이라든가 해 질 녘의 서늘함이 한결 더해지는 이치와 같은 것이다."12)라고 하였다.

열림의 공간, 광장

광장에 반향없는 총소리 지나가는 구걸자
— 이명길, 「광장은 비[空]다」 전문13)

오늘날과 달리, 5·16 군사정변이 일어난 그해(1961) 죽음을 각오하지 않고는 이러한 글을 의도적으로 쓸 수는 없었다. 이명길은 《시조문학》(제3집, 1961.7.)에 절장초록(絶章抄錄)이라는 제하로 10편의 절장을 발표하였다. 그 10편에 살짝 끼워 넣어 발표한 군사정권을 빗댄 절장인 것으로 읽힌다. 잘살아 보자, 잘 살게 해 주겠노라는 구

---

12) 이어령, 앞의 책, 40쪽.
13) 한춘섭 외, 앞의 책, 553쪽.

호 아래 총소리가 울렸다. 하지만 그 총소리가 울려 퍼지던 광장에는 구걸자들만 지나간다. 이것은 당시의 혁명군에 대한 세상사 아이러니하다는 말을 던지는 것이다. 참으로 "광장"도 아이러니한 공간이다. 당시 출판물 검열에서 이 작품의 속뜻을 읽어 내지 못한 듯하다. 그 속뜻을 알았다면 이명길 시인의 혼이 나갈 뻔했다.

닫힘의 공간, 방 안

> 찬바람 가난에 문풍지 떨어 숨결마저 고프다
> — 이명길, 「한파」 전문

> 추석날 제사도 없이 천정만 보는 가난함
> — 이명길, 「공방(空房)」 전문

「한파」의 본문에는 방이라는 낱말은 없지만, 문풍지 떨리는 소리를 듣고 있는 것으로 보아 화자는 방 안에 있음이 분명하다.

찬바람 부는 겨울에 문풍지 떨리는 소리에 가난이라는 의미를 부여해서 찬바람의 추위를 증폭시켜 놓았다. 이러한 수법은 많은 의미를 담는다. '찬바람 부는 계절적 추위', '가난함에 대한 사회적 추위', '문풍지 떨리는 소리에 대한 청각적 추위', '배고픈 숨결에 대한 육체적 추위' 등이 이 짧은 절장에 녹아들어 있다.

이 절장은 감각적 표상에 관심을 두고 있다. '문풍지'라는 형태적 상상력을 통해 '가난'을 말하려 하지만, 문풍지의 형태적 상상력 보다는 찬바람(촉각), 떨림(청각), 숨결(청각), 고프다(촉각) 등의 감각적 표현에 치중하여 가난을 말한다. 감각 표상에 관심을 두었던 것이다. "가난"이라는 낱말을 제거하여 제목으로 삼았다면 좋은 절장이 되었을 것이다. 그뿐만 아니라 3·5·4·3 자수율도 맞출 수 있었을 것이다. 제목을 '한파'보다는 '가난'으로 하였다면 우점(優點)을 받을 수 있었을 터인데 하는 생각에 아쉬움이 발목을 자꾸만 잡는다.

여기서 닫힘의 공간 방 안에서 읊은 잇사의 하이쿠와 비교하면서 읽어 본다.

가을밤이여 장지문의 구멍이 피리를 부네
秋の夜や障子の穴の笛をふく

— 잇사[一茶]14)

일본인은 과학적 시간성을 몸으로 느끼기보다는 가슴으로 느끼는 것에 익숙하다. 겨울밤보다 가을밤을 더 길게 느낀다. 아마도 늦가을의 쓸쓸함 때문일 것이다. 그래서 일본문학에서 '가을의 긴 밤(秋の夜長)'이라는 표현이 흔하다. 늦가을 쓸쓸한 긴 밤에 더 쓸쓸함을 느끼도록 하는 피리 소리가 들려온다. 가만가만 장지문 쪽으로 보니 장지문에 구멍이 뚫려 있고, 그 구멍으로 가을바람이 밀려들어 오면서 마치 피리 소리를 낸다. 그래서 장지문의 구멍이 피리를 부네라고 의인화한 것이다.

위 절장과 하이쿠를 보면 계절만 다르고 '방 안'의 공간에서의 느낌을 묘사한 것이다.

이명길은 '가난'을, 잇사는 '쓸쓸함'을 노래하고 있다. 이명길의 「한파」는 한국인의 정서를, 잇사의 하이쿠는 일본인의 정서를 표출

---

14) 최충희, 『고바야시 잇사[小林一茶] 하이쿠 선집, 밤에 핀 벚꽃』, 태학사, 2008, 140쪽.

한 것이다. 그러나 이명길의 절장이 3·5·4·3의 구조적 완결성을 이루지 못한 상태이면서 시적 수준도 미완의 상태임이 아쉬움으로 남는다. 이명길이 잇사의 이 하이쿠를 접하였다면 시상을 모방한 것이지만, 수준면에서는 모방한 것 같지는 않다.

그리고 이명길은 「공방」에서도 가난을 뼈저리게 묘사하고 있다. 한국 사회에서 '추석날 제사가 없다'는 것은 외로운 객지 생활일 것이다. 하지만 여기서 '추석날 차례를 지내지 못할' 정도의 가난'이라 해석함이 옳을 것 같다. 우리 사회에서 추석날 차례를 지내지 못할 정도의 가난은 거의 거지 수준이다. 천장만 바라보며 한숨을 쉬어 본들 구들장만 깨어질 지경이다. 추석이라는 풍성함의 시기(시간)에 빈방(장소)에서 천장만 바라보는 심정은 풍성함과 가난함의 대립항을 이루는 빈방의 아이러니를 공간화한 것이다. 빈방의 역설적(패러독스) 이미지가 매우 돋보인다.

절장은 단시형이라서 경구나 표어 수준으로 전락하기 쉽다. 이명길의 '절장 동시조' 두 편을 더 감상해 본다.

새아침 어서오십시오 생활노래 풍만토록
— 이명길, 「신념」 전문

징글벨 그 노래 속에 어린 시절 갔더라
— 이명길, 「회상」 전문

시는 다의적인 의미를 지녀야 하지만, 이 2편의 절장은 단순단일적인 의미만을 지니고 있다. 시에 대해 모르는 사람이 아니고서야 이를 두고 시조라 하겠는가. 「신념」은 새해를 맞이하는 경구에 불과

하다. 「회상」은 제목 그대로 어린 시절 크리스마스 시즌을 회상하는 심정만을 표출한 매우 평면적인 표현이다. 아주 무미건조하다. 시조의 품격과는 너무 동떨어져 있다. 그뿐만 아니라 자유시로서도 가치가 없다. 단지 실험 정신만을 높이 평가한다.

절장이 우리 속담 "개미 쳇바퀴 돌듯 산다.", "샛바람에 게눈 감추듯 먹는다." 등과는 차별화되어야 한다. 하지만 이명길의 「신념」과 「회상」은 오히려 은유를 담고 있는 수준 높은 우리 속담보다도 시적이지 못하다. 여기서 하이쿠와 대비하여 짚고 넘어가야 할 것이 있다. 하이쿠는 철저하게 다의적인 의미를 담는 것을 원칙으로 하고 있음을 뼛속 깊이 새겨야 한다. 아무리 절장시조가 실험시라 하더라도 하이쿠가 모방의 표본이라고 가정해 볼 때, 하이쿠보다 시적 수준이 미달해서야 되겠는가. 실험성의 가치를 높여 가야 하는 과제를 안고 있다.

다음은 경철의 '절장 동시조'를 읽어 본다.

    메마른 우리 가슴에
    젖어오는 그 손길

— 경철, 「어머님」 전문

    오랑캐 넘나들면서
    쑥밭으로 빚은 얼룩.

— 경철, 「판문점」 전문

이 두 편의 절장은 지시적 의미를 담아 어린이들에게 교훈적 메시지를 전달하려는 듯하다. 이 절장이 다의적 의미를 담고 있다 하더라도 어린이 눈높이에서는 난해하다.

경철의 절장 「어머님」과 「판문점」은 하이쿠와는 거리가 먼 나름대로 독자적인 시적 수준은 도달하였으나, 어린이 눈높이에서 이해는 불가능하다. 이것은 짧기 때문에 완성도가 떨어진다는 논리와 맞닿아 있다. 차라리 '동시조'라는 이름표를 떼어 버렸다면 좋았을 걸 하는 아쉬움을 주는 절장이다.

남녀노소를 불문하고 '어머니'라는 존재의 위대함에 머리 숙여지고 가슴이 두근거려진다. 그런 측면에서 어린이들에게 "메마른 우리 가슴에/ 젖어 오는 그 손길"이라는 표현은 너무 고차원적이다. 어린이는 그 자체가 순수성의 존재이다. 그 순수성을 간직하고 있는 보편적 어린이들은 "메마른 우리 가슴"이라는 표현을 이해할 수 없을 것이다. 특히 현상계에서 메마른 가슴을 가진 어린이가 몇이나 될까? 몇 안 되는 특별한 어린이를 대변한 '우리'라는 공통화하려는 표현부터가 괴리감을 준다. 물론 동시조를 어린이만 읽는 것은 아니다 하더라도 어린이 눈높이에 맞아야 동시조로서의 자격을 갖는 것은 분명한 것이다. 차라리 "엄마 손 약손/ 그 온기로/ 힘낸다. (신기용, 「그리움」)"라는 동시가 훨씬 더 좋아 보인다. '판문점'은 임진왜란과 한국전쟁을 대변하는 상징적 공간이다. 그래서인지 「판문점」은 어린이들이 이해하지 못하는 역사성이 내포된 관념적인 절장이다. 어린들이 이 절장을 읽고 별도의 역사적인 배경 설명 없이 곧 바로 이해하기란 여간 쉬운 일이 아닌 것 같다. 동시조로서는 성공하지 못한 작품이다.

앞에서 살펴본 바와 같이 대체로 성공적인 작품도 있으나, 대부분의 절장은 시조가 아닌 하이쿠풍이다. 시조의 특징에서 벗어나 '지금, 여기'에서 즉흥적인 감회를 말하는 사물시(事物詩)에 가깝다. 그것은 하이쿠의 특성을 지니고 있기 때문이다.

절장의 실험을 무의미하고 진정성이 결여되어 있다고 단정할 때, 시조의 새로운 발전을 모색한 실험정신이라고 옹호해 왔던 온갖 미사어구들이 한갓 하이쿠의 모방을 옹호한 결과물이었음이 드러난다. 참 부끄러운 일이다. 만일 절장의 옹호를 지속한다면 시조의 격이 땅에 떨어져 사람들의 발에 짓밟히고 말 것이다. 밟히기만 하면 그나마 다행이다. 버림을 받게 될 것이다.

닫힘의 공간, 담벽

공간의 대립항에서 언급한 이명길의 「본향」을 다시 한번 닫힘의 공간으로 읽어 본다.

> 담벽에 풀 무성한 자리는 내가 자란 고향
> ― 이명길, 「본향」 전문

이 절장의 즉흥성이 어떻게 나타날까? 객지 생활을 하는 시인이 방문을 열고 담벽을 보니 어느덧 풀이 무성하게 자라 있다. 시인은 그 담벽 넘어 지금쯤 풀이 무성하게 자라고 있을 떠나온 고향이 떠오른다. 그래서 그 담벽 넘어 존재하는 고향을 그리워한다. 이 담벽은 고향에 갈 수 없는 처지의 자신을 차단하고 있는 경계이면서 장애물이다. 하지만, 그 담벽을 통해 고향을 본다. 그리고 자신의 성장기를 돌아본다.

공간적인 의미에서는 '닫힌 공간'에서 '열린 공간'으로 지향하는 의식의 표출이다. 내부에서 외향 지향성의 심상으로 확장해 나가는 것이다.

여기서 바쇼의 닫힘의 공간 '담장' 관련 하이쿠 2구를 읽어 본다.

> 나비의 날개 몇 번이나 넘는가 담장의 지붕
> 蝶の羽の幾度越る塀のやる
>
> ― 바쇼[芭蕉] 전문15)

이 하이쿠의 계어(季語)는 나비(봄)이다. 바쇼는 방랑 생활을 하는 자신이 나비처럼 날 수 있는 존재가 되었으면 한다. 담장을 몇 번이나 넘나드는 나비를 저토록 경계 없이 자유로운데 정처 없이 떠돌아다니는 자신도 정작 나비보다는 자유롭지 못함을 노래한다. 저 담장을 넘어가서 따뜻한 밥이라도 한 그릇 얻어먹고 싶었던 것은 아닐까.

> 오동나무에 메추라기가 우는 담장의 안쪽
> 桐の木にうづら鳴なる塀の內
>
> ― 바쇼[芭蕉] 전문16)

바쇼는 담장 밖에서 메추라기 울음소리(청각)와 담장 위로 우뚝 솟아 있는 오동나무(시각)를 통해 담장 안쪽을 말하고 있다. 시골의 큰 저택은 높은 담장이 둘러싸고 있다. 이 담장을 지나는데 메추라기 우는 소리가 들려온다. 그 울음소리를 좇아 눈을 돌리니 자신의 키보다 훨씬 높은 담장만 보이는데 오동나무 한 그루가 우뚝 솟아 있

---

15) 오석윤 편저, 앞의 책, 46쪽.
16) 위의 책, 56쪽.

다. 그 오동나무에서 메추라기가 울고 있다. 바쇼는 가난한 서민의 눈으로 담장 안쪽으로는 근접할 수 없고, 보이지 않는 부귀와 권세를 향한 부러움도 깔아 놓았다.

바쇼의 하이쿠 2구는 절장 「본향」과 같이 담장을 경계로 하고 있다. 이명길은 '닫힌 공간'에서 '열린 공간'으로 지향한 반면, 바쇼는 '열린 공간'에서 '닫힌 공간'으로 지향한다. 바쇼도 이명길도 '열린 공간'과 '닫힌 공간'을 넘나들고 있음이 분명하다.

> 후미진 벽에 착 달라 붙어 있는 빈티 나는 눈
> うら壁やしがみ付きたる貧乏雪
>
> ― 잇사[一茶]17)

이 하이쿠는 잇사 자신의 자화상을 묘사한 것이다. 노년을 보내고 있던 고향에서 생활의 어려움을 겪고 있음을 표현한 것이다. 후미진 벽에 녹지 않고 남은 아주 작은 눈덩이를 보고, 외진 곳의 그늘과 가난을 결부시켜 놓았다. 잇사 자신의 심정을 노래한 것이다.

이 하이쿠는 이명길의 「본향」처럼 내부에서 외향 지향적 심상으로 확장해 나가려는 의지가 약하게 보인다. 이미 이 시기에 잇사는 늙을 대로 늙어 버렸나 보다.

---

17) 최충희, 앞의 책. 196쪽.

주정적 절장과 하이쿠

앞에서 읽어 본 최승범의 절장 「고추잠자리」를 주정시 측면에서 다시 읽어 본다.

> 도솔란 오동색 꽃 끝에 비행을 멈춘 낙천가
> — 최승범, 「고추잠자리」 전문

이 절장은 주정적이다. 어느 가을, 도솔란에 오동색 꽃이 활짝 피었다. 그 꽃의 꼭대기에 고추잠자리가 내려앉아 날갯짓을 멈추었다. 꽃에 앉아 쉬었다 갈 수 있는 자라면 분명 낙천가임이 맞다. 최승범 시인은 이처럼 고추잠자리처럼 낙천가이고 싶어 하는 심정을 노래했다.

> 낙엽송은 쓸쓸한 나무로다 고추잠자리
> から松は淋しき木なり赤蜻蛉
> — 헤키고토[碧梧桐][18]

이 하이쿠도 주정적이다. 헤키고토는 계어의 틀에서 벗어난 신경향 하이쿠를 주장한 시인이다. 하지만, 이 하이쿠에서 고추잠자리(가을)를 계어로 등장시켰다. 우리가 낙엽송이라 부르는 침엽수를 일본어로는 가라마츠[唐松]라 한다. 이 낙엽송의 가을은 노랗게 물들어 추위가 닥쳐오면 우수수 모든 잎이 떨어지고 만다. 헤키고토의 눈에 그 노랑의 옷을 입은 낙엽송이 쓸쓸하게 보였던 것 같다. 맑고 푸른

---

[18] 오석윤 편저, 앞의 책, 161쪽.

가을 하늘과 낙엽송의 노랑이 겹쳐진 곳에 고추잠자리가 발갛게 날아간다. 그 가을의 정경을 노래했다. 누가 뭐라 해도 헤키고토의 '고추잠자리'보다 최승범의 '고추잠자리'에 좋은 점수를 던질 수 있을 것 같다.

"원래부터 단시형으로 출발한 시조와 와카[和歌]와는 달리 하이쿠는 하이카이렌카[俳諧連歌]의 렌쿠[連句] 가운데 첫구만이 떨어져 나온 것으로 발생 자체가 기형성을 지닌 것이다."19) 이처럼 하이쿠의 기형성과 같이 절장도 분명 시조의 기형임에 틀림이 없다.

하이쿠는 제목을 달지 않고도 17자 고정으로 충분히 그 특징을 살리는 반면, 절장은 15자 안팎으로 시조의 특징을 살리지 못하므로 이를 보완하기 위해 제목을 단다. 그럼에도 이들 절장은 시조의 특징이 아닌 하이쿠의 특징에 머물고 만 절장이 대부분이다.

지금까지 예를 든 절장의 일부는 뭔가 부족한 듯하면서도 시조 작품인 것을 부정할 수 없으나, 대부분은 하이쿠 작풍이라는 것을 부인할 수 없는 일이다. 물론 시인의 개별 역량과 관련이 있을 수 있으나, 시조 정신이 아닌 하이쿠 정신에 물들어 버린 절장은 분명 시조의 하위 갈래의 이름으로 더 이상 창작되어서는 안 될 일이다. 이름만 절장이지 시조가 아니라 하이쿠의 변형인 것이다. 그렇다면 다른 이름을 달아야 하지 않겠는가.

조에서 파생하여 시조의 유형으로 남아 있는 절장은 이제 일본의 하이쿠가 하이카이렌카[俳諧連歌]에서 파생 독립한 것처럼 시조로부터 떼어 내어서 독립시켜 놓아야 한다.

---

19) 이어령, 앞의 책, 275쪽.

시조단에서는 우리의 얼과 전통시를 보전하기 위해 이 절장을 내쳐야 한다. 절장에 동조하는 시인들은 스스로 완결성을 향하여 시조라는 말을 빼고 '절장시', '단장시' 등으로 독자적 문학 양식으로 독립을 추진하여야 한다. 새로운 시 정신으로 무장하려는 의지를 보여줄 시기가 도래한 것이다. 이제 절장은 시조라는 갈래 이름으로는 더 이상 어울리지 않기 때문이다. 물론 태생적 차이점은 있지만, 민조시와 풍시조(諷詩調)처럼 다른 이름표를 달고 새 시대에 걸맞는 새로운 시로 태어나기를 빌어 본다.

미완의 시 읽기
— 1행시(한 줄 시)의 한계

　1920년대 일본에서 니시가와 쥰사부로[西脇順三郎], 기타가와 후유히코[北川冬彦] 등이 1행시 위주의 단시 운동을 전개하였다. 우리나라에서는 1행시(한 줄 시)를 시도한 진주의 시인 김병호(金炳昊)가 1928년 《조선일보》에 1행시를 3차에 거쳐 발표하였다.
　아직도 우리 시단에서는 1행시의 실험이 진행 중이다. 1행시는 시인의 역량의 문제일 수도 있으나, 시적 완결성을 갖추지 못하는 한계점 때문에 아직 실험 중이라는 표현이 적당할 것 같다. 그럼에도 1행시의 한계점을 감추고 논리성이 없는 주장으로 이를 옹호하는 필자도 존재한다. 미완의 1행시를 옹호하는 까닭이 무엇일까? 이 글을 통해 옹호의 가치가 있는지 분석해 보려 한다.
　이 글에서 1920년대 1행시를 발표한 잊혀진 시인 김병호(金炳昊), 1960년대부터 제목을 달지 않은 1행시를 실험한 시인 박희진, 문예 교양지 계간 《연인》에 '한 줄 시'를 연재 발표하고 있는 시인 유창근, 1행시로 등단한 김수영 친조카 시인 김민, 이 4명의 작품을 중심으로 읽어 보려고 한다.

1920년대 1행시를 발표한 잊혀진 시인, 김병호(金炳昊)

　가람 이병기와 신석정이 공저한 『명시조 감상』(박영사, 1958)에서 노산 이은상의 양장시조 실험을 높이 평가하면서, 김병호의 1행시를 언급하였다. "양장시조의 시험(실험)은 그대로 시조시단의 한 혁명적 시도가 아니었던가 싶다. 신시에 있어서 진주의 시인 김병호의 일행시가 그렇듯이, 노산의 양장시조 또한 시작(試作)에서 끝마쳤다고는 할지언정 그만한 창의성을 작품화하기에 이른 노산의 작가적 정신은 높이 사야 할 것이다."1)라고 하였다. 이것을 보더라도 1920~30년대에 우리 시단에도 '1행시' 시도가 있었음을 알 수 있다. 아마도 일제강점기의 지식인들이 그랬듯이 1920년대 일본의 단시 운동과 일본 하이쿠에 매력을 느껴 자극을 받았을 수도 있을 것이고, 자연 발생적 시도일 수도 있을 것이다.

　박경수(부산외국어대학교 국어국문학과 교수)는 『잊혀진 시인, 김병호의 시와 시세계』(새미, 2004)라는 저서에서 한국 현대시사에서 소외된 김병호의 시·동시·동화 등을 발굴하여 소개하였다. 그는 김병호 시인이 발표한 1행시에 대해 "일본의 하이쿠에 상응하는 것으로 생각하여 창작한 것으로 보이지만, 현재까지 3차례 정도 1행시를 지어 발표한 것에 그치고 있다."2)라고 하면서 각주에 그 발표 일자를 밝히고 있다. (《조선일보》 1928.3.15./ 1928.4.3./ 1928.5.1.)

　하지만 일본의 단시 운동은 1928년 《시와 시론》의 창간부터 일어난 신시 운동과 신산문시 운동과 맥을 같이 한다. 그렇다면 1928년 같은 해에 김병호가 발표한 1행시는 자연 발생적으로 탄생한 것

---

1) 이병기·신석정 공저, 『명시조 감상』, 박영사, 1958, 22쪽.
2) 박경수, 『잊혀진 시인, 김병호(金炳昊)의 시와 시세계』, 새미, 2004, 208쪽.

일 수도 있다.

　일본의 신산문시 운동의 추진자 안자이 후유에[安西冬衛]의 본격 단시는 제1시집 『군함 말리(茉莉)』(1929), 최초로 단시 운동 거점을 확보한 기타가와 후유히코의 본격 단시는 제3시집 『전쟁』(1929)을 기점으로 본다면 김병호는 일본 단시 운동보다 약간 앞섰다고 여겨지므로 '하이쿠'의 대응일 수도 있겠다.

　그는 김병호의 1행시 작품에 대해 "관념을 사물에 비유하거나 상징적 상황을 설정하여 표현하는 방식을 보여 주고 있는데, 매우 짧은 기간에 시험적으로 쓴 작품 이상의 의미를 지니지 않는다고 본다."3)라며 실험적 시로 크게 성공하지 못하였다고 간접 표현을 하고 있다. 다시 말해 박 교수는 김병호의 미완 시를 옹호하지 않았다. 그것은 학자적 양심 때문일 것이다. 실제 1920년대 1행시는 우리 시사(詩史)에서 누락되어 있다. 당시로써는 파격적인 실험이었다. 그 실험성을 제시한 것만으로도 한국 현대시사에 포함되어야 마땅하다고 주장하면서 그의 1행시를 읽어 보려 한다.

　1928. 3. 15자 《조선일보》에 발표한 9편의 1행시 중 4편을 아래와 같이 읽어 본다.

　　　눈오는밤에거―지들은어대서자나?

　　　　　　　　　　　　　　―「설야(雪夜)」 전문

　　　나는深山에숨겨혼자피어혼자지는일홈없는꼿

　　　　　　　　　　　　　　―「고적(孤寂)」 전문

---

3) 위의 책, 208쪽.

　　　　말할줄아는 어엽분動物
　　　　　　　　　　　　　　　　　　　　　—「女」 전문

　　　　올밤이박쥐마을압헤물길러오는月下女
　　　　　　　　　　　　　　　　　　　　　—「밤의 시인」 전문

　'거지', '일홈없는꼿', '어엽분동물', '月下女' 등은 어떤 존재의 표상일까. 박경수 교수는 '민중적 존재의 표상'이라고 말한다. 그래서 "민중지향적 시의식(詩意識)을 드러내고 있다."4)라고 한다. 일제강점기 우리 민족의 처량한 이미지와 시인 자신의 이미지를 관념화하고 상징화한 시편들이다.
　1928.4.3자 《조선일보》에 발표한 11편의 1행시 중에도 이러한 민중 지향적 시의식으로 똘똘 뭉쳐 있음이 드러난다.

　　　　저유성이님의무덤에나려지는가?
　　　　　　　　　　　　　　　　　　　　　—「영별(永別)」 전문

　　　　童貞(동정)을가지고죽은젊은詩人!
　　　　　　　　　　　　　　　　　　　　　—「원한」 전문

　　　　절박한者외다因緣을쓴허버린
　　　　　　　　　　　　　　　　　　　　　—「가위」 전문

　　　　이겨울에불상한동족이몃치나죽나!
　　　　　　　　　　　　　　　　　　　　　—「겨울」 전문

---
4) 위의 책, 208쪽.

「영별」, 「가위」, 「겨울」은 시인 이상이 시도한 것처럼 띄어쓰기를 포기한 시이다. 「겨울」은 제목이 '겨울'이므로 본문의 '이겨울'은 생략하고, "불상한동족이몃치나죽나!"라고 했더라면 더 좋았을 걸 하는 생각이 든다. 「원한」과 「가위」도 나라 잃은 슬픔과 나라를 되찾아야 한다는 절박한 심정의 시의식이 사물을 통해 말하고 있다.

1928.5.1자 《조선일보》에 발표한 9편의 1행시 중 8편은 일제에 대한 저항적 시의식을 더욱더 잘 드러낸다.

……의몰락이저러하렷다!
— 「낙화」 전문

내마음에원한을 다못이겨서풀은하나날을 울어러보네!
— 「창공」 전문

시 「낙화」에서는 벚꽃이 와르르 지는 것을 보고 일본의 몰락을 상징화한 것 같다. 이때까지도 역시 저항적 시의식이 남아 있다. 「낙화」에서는 일본의 몰락을 예감하고, 「창공」도 「원한」처럼 절박한 심정의 시 의식이 드러난다.

제목 없는 1행시 실험, 박희진

김준오는 『한국현대문학사』(현대문학, 2002)에 발표한 「순수·참여와 다극화 시대」라는 논문에서 "순수시는 언어와 형식 실험을 통하여 60년대 시의 미학을 다양하게 개화시킨다. 전봉건의 구문 해체, 성찬경의 「화형둔주곡(火刑遁走曲)」에서 볼 수 있는 것처럼 언어골계로 구체화된 희극적 태도에서 능동적으로 언어를 실험한 것, 그리고 한 행 단위로 풍자적 잠언을 담은 박희진의 1행시 등은 모두 주목되는 실험이다."5)라며 60년대 실험시 가운데 박희진의 1행시에도 주목을 하였다.

시인 박희진은 순수시 형태의 1행시뿐만 아니라, 하이쿠를 '17자시'라 칭하며 많은 작품을 발표하였다.

그는 『1행시 960수와 17자시 730수·기타』(시와진실, 2003)라는 시집 제목에서 알 수 있듯이 1행시와 17자시(하이쿠)를 묶어 발표하였다. 이 저서의 서문 '1행시에 대하여'에서 1행시관(一行詩觀)을 4행시 한 편으로 요약한 것을 소개하였는데 내용은 다음과 같다.

    1행시는 단도직입이다. 번개의 언어다.
    1행시는 점과 우주를 하나로 꿰뚫는다.
    1행시는 직관적 상상력의 산물이다.
    1행시는 시의 알파이자 오메가다.

그는 4행시의 4행에 있던 그대로를 "1행시는 시의 알파이자, 오메가다."(「84」 전문)라는 1행시로 차용하였다. 그가 주장하고 싶었던 말은 1행시가 시의 처음(알파)이요, 마지막(오메가)임을 피력하는 것이다. 그의 1행시에는 하이쿠처럼 시 제목이 없다. 단지 시를 구분하기 위한 일련번호를 달아 놓았다.

    씨, 흙, 물, 빛, 싹, 잎, 돌, 샘, 벌, 꽃, 새, 숲.
                                      — 「141」 전문

---

5) 김준오, 「순수·참여와 다극화 시대」, 『한국현대문학사』, 현대문학, 2002, 382쪽.

이 시는 한 글자로 된 명사 12자를 나열해 놓았다. 순수 한글인 셈이다. 김규영은 "이런 낱말 표현도 1행시라고 할 수 있는가 하는 반문이 생길 수도 있다. 단순한 단어들의 나열로만 본다면 그렇다. 개울에 놓인 징검다리마냥. 허나, 그렇게 읽지는 않으리라, 적어도 시를 읽는 사람이라면."6)이라고 하면서 시의 낱말 또는, 행 사이에 표출되지 않은 숨은 의미를 읽을 줄 알아야 한다고 말하였다. 박희진 시인의 1행시를 옹호하고 나아가 찬사를 보내고 있다. 그리고 이들 12자를 '관계(關係)'라고 보면서 "씨와 흙과 물과 빛의 관계에서 싹이 트고, 잎이 되고, 돌 사이에서 샘이 솟으며 석간수(石間水)란 말이 나오고 벌이 꽃 속에서 꿀을 취하며 수정(授精)이 되고 새는 숲에서 울며 산에서 산다."라며 12자 모두 '관계'라는 고리로 연결되어 있음을 피력하였다. 그의 시에 감추어진 숨은 의미를 읽을 줄 알아야 함을 말했다. 물론 시라는 것이 이러한 연상 작용을 통해 빚어내는 예술이기도 하다. 하지만, 한 글자 한 글자에 숨어 있는 것을 다 들추어내 보면 퍼즐게임과 같은 언어유희에 그치고 말 것이다.

　결국, 단시의 한계가 여기에 있다. 가령 "돈, 돌, 놈, 똥, 빛, 참, 맛, ……"이라는 순수 우리말의 명사를 나열해 놓고, "돈(황금)을 돌같이 여기는 놈이 똥의 빛깔을 보면서 참말로 맛있겠다고……"라며 관계를 연결해 나간다면 이게 시일까?

　박희진 시인 자신은 "단언컨대 나의 1행시는 처음부터 하이쿠와는 무관한 것이었다. 첫째, 나의 1행시는 하이쿠와 같은 정형시가 아니다. 둘째, 나의 1행시는 다분히 잠언적 성격의 것이므로, 굳이 그 원류를 찾자면, 영국 시인 윌리엄 블레이크의 잠언시에서나 그

---

6) 박희진, 『1행시 960수와 17자시 730수. 기타』, 시와진실, 2003, 181쪽.

유사성을 볼 수 있으리라. 셋째, 나의 1행시에서는 흔하게 볼 수 있는 철학적 종교적 추상어들이 바쇼의 하이쿠에는 전혀 등장하지 않고 있는 점에도 유의해 볼 일이다."7)라고 하이쿠와는 벽을 쌓아 놓고 있다. 하지만, 일제강점기 때 교육을 받은 그는 "내가 처음 바쇼의 이름과 하이쿠를 몇 수나마 기억하고 있었던 건 중학 1, 2학년의 일본어 교과서를 통해서"8)라고 말하고 있는 것으로 보아 의식적이든 무의식적이든 하이쿠의 영향을 받은 것은 사실이다.

美의 사찰들아, 자기집중하라, 집중하라, 집중하라.
― 「22」 전문

美의 사찰들아, 찬미하라, 찬미하라, 찬미하라.
― 「281」 전문

지상에 쌓인 눈은 가시화된 하늘의 고요
― 「203」 전문

왜 자연은 신성한가? 무아무위의 극치인 까닭
― 「438」 전문

박희진 시인 자신과 김규영의 주장대로라면 그의 1행시는 풍자적 잠언시이여야 한다. 하지만, 「203」의 절묘한 표현과 「438」의 자연의 신성에 대한 정의는 잠언적인 면도 있으나, 자기 집중을 강조하는 「22」와 아름다움의 찬미를 강조하는 「281」은 명령조의 반복으

---

7) 위의 책, 322쪽.
8) 위의 책, 319쪽.

로 강조하고 있을 뿐이다. 대부분의 1행시는 잠언시로서 수준도 갖추지 못하고 그저 잠언인 것들이 대다수이다.

가령 "시인은 이미지 사냥꾼이다"(「78」)라는 표현은 문학도들이 흔히 사용하는 말이라 낡고 달아 빠진 표현이다. "서예의 맛은 공간 구성의 묘에 있다."(「70」)라는 표현은 서예의 묘미가 공간 구성임은 서예의 입문 이론이다. 이러한 낡은 표현을 한 줄 써 놓고 시라고 한다면 '오줌 마려운 강아지가 낑낑거리는 소리'를 받아 적은 것도 시어야 한다. 따라서 박희진 시인의 1행시는 이론이 결여된 시이다. 어쩌면 그가 주장하는 대로 윌리엄 브레이크의 잠언시 영향을 받은 잠언시라는 가면을 쓴 잠언적 문구일 수도 있겠다고 위로해 본다.

한 줄의 시를 문예지에 연재 발표한 시인, 유창근

2009년 봄, 문예교양지를 표방하고 창간한 계간 《연인》에 2010년 봄호부터 현재까지(겨울호) '한 줄 시'를 연재 발표하고 있는 시인이 있다. 바로 시인이자 교수인 유창근이다. 그는 『한 줄의 시 싶다』(도서출판 문현, 2010)라는 시집에서 70편의 한 줄 시를 발표하였다. 한 줄 시의 여백에 영역(英譯) 표기와 함께 컬러 그림을 넣었다. 몇 편을 읽어 본다.

●

— 「죽음」 전문

말 말 말 말… 고놈의 주둥아리

                                    ―「입소문」 전문

미안해, 미안해…
                                    ―「유서」 전문

금방 터질 것 같다
                                    ―「터널」 전문

서로 눈물 닦아주기
                                    ―「사랑」 전문

그 때가 참 좋았어
                                    ―「추억」 전문

뜰 때 날아라
                                    ―「권력에게」 전문

가진 것 없이 힘만 센 돌대가리
                                    ―「포크레인」 전문

더불어 오염될까봐 비껴간다
                                    ―「쓰레기통」 전문

 이들을 참으로 시라고 말하기는 곤란할 정도이다. 무엇보다도 시인으로서 치열성이 부족하다.
 「죽음」은 기호상징을 차용하였다. 관습적 언어를 버리고 새로운 언어를 만들어 내려는 몸부림으로 언어의 한계를 극복하려는 수단으로 기호상징을 차용한 것이다. 시에서 기호란 무의미에서 의미화로 전이하는 효과를 가져온다. 이것은 기호의 형태가 드러내는 상징성 때문이다. 물론 기호의 형태가 실제의 대상과 불일치하여 무의미한 것이라 할지라도 기호는 의미화되어 가는 속성이 있다.

시 「죽음」에서 "●"이 본문이다. 이 검은 점을 처음 접했을 때, 과연 검은 점 하나가 의미하는 것이 죽음일까. 아무리 시인의 주관적 시점의 표현이라 하더라도 너무 난해하여 의문을 가지지 않을 수 없었다. 한 글자도 아까운 것이 죽음일까. 검은 점 하나가 죽음을 의미하고, 죽음을 형상화한 것이라고 납득하기에는 아직 식견이 도달하지 못했다는 느낌 때문에 더 황당했다. 그러나 자세히 보니 이 점 바로 아래 "period"라고 적혀 있다. 마침표의 점(.)을 조금 크게 확대하여 "●"로 표기한 것이었다. 삶의 마지막 끝이 죽음이다. 그래서 마침표 하나를 찍은 것이다. 느낌의 시임에는 분명 맞다. 하지만 영어 "period"를 빼버린다면 죽음이라 읽혀질까. 영어의 도움이 과연 필요할까. 우리의 시를 영어의 도움을 받아야만 이해할 수 있다는 사실에 한국 시의 무덤을 보는 듯하다.

"말 말 말 말… 고놈의 주둥아리"(「입소문」), "미안해, 미안해…"(「유서」), "그 때가 참 좋았어"(「추억」) 등은 시라고 하기에는 너무 진부한 표현이다. 이들 언어는 시어로서는 너무나 낡은 표현이라서 타 언어 영역으로 확산해 나가는 힘을 상실하고 말았다. 시란 언어의 조합에 의해 형성된다. 그 언어들은 의미의 독립체로서 타 언어의 영역으로 확산해 나가는 힘을 지녀야 시어로서 자격을 갖춘다. 시어란 각 언어가 의미의 독립성을 지닌 상태로 일정한 영역을 확보하려는 속성 때문에 다른 언어의 영역으로 확장해 나갈 수 있는 강한 힘을 발휘한다고 할 때, 결국 유창근의 일행시에서 낡은 표현은 관습적 언어의 나열에 불과하다.

"금방 터질 것 같다"(「터널」)는 터널이 왜 금방 터질 것 같을까. 고민하지 않을 수 없다. 너무 주관적이고 추상적이다. "서로 눈물 닦아주기"(「사랑」)는 슬플 때 서로 의지할 수 있는 존재라는 의미를 담고 있으나, 이것 또한 사랑이라는 셀 수 없을 정도로 많은 정의 가운데 하나에 불과하다.

"뜰 때 날아라"(「권력에게」), "가진 것 없이 힘만 센 돌대가리"(「포크레인」), "더불어 오염될까 봐 비껴간다"(「쓰레기통」)는 현실 정치의 참여시로 읽힌다. 왜일까? 제목「권력에게」는 그 제목에서 권력에게 토해 내고 있는 시임을 밝히고 있기 때문이고,「포크레인」은 개발과 추진력의 상징인 '불도저'에 상응한 사물임을 직감할 수 있기 때문이다. 여기서 "가진 것이 없다"는 말이 '머리에 든 것이 없다'라고 읽히지는 않는다. 너무 많이 가졌다는 반어법적 표현으로 읽혀진다. 권력과 금력을 너무 많이 걸며 쥐고 횡포를 부리는 권력을 향해 경고의 메시지를 던지고 있는 것이라고 읽는다.

「쓰레기통」은 '인간쓰레기'를 암시하고 있다. "더불어 오염될까 봐"를 곰곰이 읽어 보면, 그냥 사물로서의 쓰레기통은 지나가도 오염이 될 리가 없다. 쓰레기통은 집집마다 침실과 거실 등에 가까이 놓아두고 사용하는 친근한 존재이다. 사무실에서는 자신의 의자 바로 옆에 놓아두고 생활하는 친근한 존재임을 누가 부인하랴. 그렇다면 오염은 사상적, 이념적인 문제로 읽힌다. 오늘날 시인의 눈에는 인간쓰레기가 너무나 많이 보인다. 시인이 정치인(?)을 향해 토해 낸 시는 아닐까.

1행시로 등단한 김수영 시인의 친조카, 김민

2001년 《세계의 문학》에 「자벌레」 외 4편을 발표하여 등단한 시인 김민은 첫 시집 『길에서 만난 나무늘보』(민음사, 2007)에 모두 1행시라 명명한 시 86편을 엮어 발표하였다. 시집 해설에 그가 "김수영 시인의 친조카이며 뇌성마비 장애인이다."라는 대목이 있다. 그래서인지 마음속에 품은 한을 짧고 간결한 시어로 응축시켜 강렬하게 토해 낸다. 짧지만 그 나름대로 내면적 깊이와 무게감이 드러난다. 등단작 「자벌레」, 「늦잠」, 「모래벌판 돌아 나오니 붉은 깃발을 든 역무원이 반가이 묻다 어디서부터 타고 왔냐고」도 함께 수록되어 있다. 그의 시에는 주어와 술어가 하나씩 존재한다. 이렇게 한 줄의 글로 내면세계를 표현한다. 형용사와 부사 같은 수식어를 절제하여 시어를 압축함으로써 시적 치열성이 잘 드러낸다.

하지만, 짧은 시의 본문의 부족한 진술과 표현을 제목에 의미를 담아 조응하고 있다. 제목의 길이가 과도하게 긴 것도 있어 1행시의 한계를 드러내고 있기도 하다.

왜 당신은 이곳에 서 있는 거요

당신은 왜 이곳에 서 있는 거요

당신은 이곳에 왜 서 있는 거요

당신은 이곳에 서 있는 거요 왜

이 4편의 1행시는 각기 다른 시이다. 모두 제목이 「발자국」이다.

시집 해설을 한 김종회는 "이러한 표현 방식과 의미 범주의 분화를 '말장난' 수준으로 치부해 버리는 경우라면 이 시인의 내면세계 또는 시적 인식과 조화로운 악수를 나눌 수 없다."9)라고 김민 시인의 언어유희에 대해 옹호를 하고 있다. 그의 주장대로 분명한 것은 "왜"라는 부사의 위치를 변형한 문장 재배열은 강조점이 달라지고, 어조와 분위기가 확 바뀌는 것은 맞다. 하지만, 이것이 시라는 이름 하에 존재하기에는 타당성이 결여되어 있음을 부인할 수 없다. 그런데 왜 김종회가 자신의 명성에 누가 될 줄 알면서도 이를 옹호하는 까닭이 궁금해진다.

김민 시인도 짧은 시를 창작하는 여러 시인과 마찬가지로 제목의 효용성과 가치를 중시하고 있다. 짧은 시의 본문의 부족한 진술과 표현을 제목에 의미를 담아 조응하도록 하지 않으면 경구에 불과한 문장으로 전락하기 때문이다. 이것은 제목이 없는 하이쿠와의 차별화된 행보일 수도 있겠다.

> 하늘역에 눈 내리다
> ─「모래벌판 돌아 나오니 붉은 깃발을 든 역무원이 반가이 묻다 어디서부터 타고 왔냐고」전문

> 마당 가득한 떨림
> ─「바지랑대 끝 잠자리 앉았다 떠나네」전문

> 연밥에 넣어 뒀습니다 나중에 열어 보시길
> ─「가을」전문

---

9) 위의 책, 108쪽.

나나 쟤나 날갯짓만 요란하다니까

— 「하루살이」 전문

　김민 시인은 모두 제목을 달고 있다. 위 4편의 시에서 보듯이 제목이 없다면 무엇을 말하고 있는지 도저히 알 수 없다. 그래서 "하늘역에 눈 내린다"라는 시 본문 8자만으로는 아무런 감응을 느낄 수 없으므로 무려 34자의 제목 「모래벌판 돌아 나오니 붉은 깃발을 든 역무원이 반가이 묻다 어디서부터 타고 왔냐고」를 달아 부연 설명을 하고 있다. 이 시의 경우 제목이 주석의 역할을 하는 셈이다.
　시 「바지랑대 끝 잠자리 앉았다 떠나네」도 14자의 제목이 7자로 된 본문 "마당 가득한 떨림"을 부연 설명하는 역할을 하고 있다.
　시 애독자라면 「가을」에서 "연밥에 넣어 뒀습니다 나중에 열어 보시길"이라는 본문만 읽어 봐도 대충 주제가 무엇인지, 무엇을 말하고자 하는 것인지 짐작이 가능하다. 제목을 굳이 붙이지 않더라도 계절을 나타내는 시어 '연밥'을 본문에 넣어 두었기 때문이다.

　여기서 읽어 본 1행시는 대중성을 향한 일보 전진을 하고 있지만, 미래에 어떻게 인정을 받을지 알 수는 없으나, 이들 몇 편의 1행시는 현재로서는 시라는 장르 안에 넣어 두고 보기에는 무리가 있어 보인다. 그러나 이 1행시 운동 또한 시가 미래를 향하여 새로운 몸부림을 치고 있는 반증임을 기억하는 것만으로도 성과가 있었다고 본다.
　일본의 하이쿠는 제목이 없는 대신 반드시 계어를 넣음으로써 시적 대상인 한 사물의 시간성과 공간성이 상호 작동하여 시의 주제와 숨은 의미를 명확하게 느낄 수 있도록 하는 이론이 확고히 존재한다. 따라서 우리의 1행시에서도 명확한 이론적 뒷받침이 필요하다. 이론이 없는 상태에서 '촌철살인'이라는 효과를 얻고자 한다면 무의미한 실험일 수밖에 없다.

  1행시는 자칫하면 광고 문안(카피)처럼 비시적 수준으로 전락해 버릴 수도 있다.

여백의 미, 단시(짧은 시) 읽기

한국 현대시의 단시는 1920년대 1행시(한 줄 시)를 시도한 진주의 시인 김병호(金炳昊)의 1행시를 출발점으로 잡아야 할 것이다. 그는 1928년 《조선일보》에 1행시를 3차에 거쳐 발표하였으나, 단시 운동으로 확산되지 못하고 단발적인 실험에 머물고 말았다.

우리나라 단시는 김병호 시인의 1행시 시도 이후, '1행시의 모습'은 현재 성찬경 시인의 밀핵시, 일자일행시를 거쳐 일자시(순수절대시)에 도달하게 되었다.

김기림의 단시(3~6행) 시도 이후, '1행 이상의 단시의 모습'은 시인이라면 너나할 것 없이 창작하게 되었다. 1행시는 앞서 부제「1행시의 한계」라는 별도의 글에서 다루었다. 이 글에서는 1행 이상의 시, 대중적으로 널리 알려진 단시 위주로 읽어 보려 한다. 이들 단시와 여백의 조화로움이 우리에게 던져 주는 긴 여운과 감동을 함께 나누어 봄이 좋겠다.

1920년대 "일본의 단시운동은 산문시 운동과 결부되어 있었다. 이 산문시 운동은 또한 사상주의(寫像主義)적인 면과 결부되어 있었다. 이미지가 순수성을 유지하려면 단형(短型)의 시어야 한다는 것이다, 흄의 시가 그 좋은 예다. 또한 시각적인 것이기 때문에 언어의 음의 요소를 되도록 배제해야 한다는 것이다. 단시 운동이 곧 산문시 운동과 동의어가 된 까닭이 여기에 있다. 김기림의 단시가 이런 데서 영향되었는지 어쩐지 하는데 대하여는 그 자신은 물론 아무도 언급한 사람이 없기 때문에 말하기 곤란하나, 암암의 어떤 암시는 있었던 것이 아닌가 추측해 본다. 다른 시에서보다 단시에서 김기림은 훨씬 사상주의(寫像主義)에 접근하고 있기 때문이다. 일본의 단시는 대개 1행뿐인데, 김기림의 그것은 1행뿐인 것은 없다.[1]

> 대합실은 언제든지 튜우맆처럼 밝구나
> 누구나 거기서는 깃발처럼
> 출발의 희망을 가지고 있다.
>
> — 김기림, 「대합실」 전문

1행은 매우 암시적인 표현이다. 2행의 "누구나 거기서는 깃발처럼"은 3행의 "출발의 희망을 가지고 있나"를 수식하는 역할만 한다. 이것만으로도 이 시에서 이미지의 시간적 흐름이 없다는 것을 알 수 있다. 그래서 "대합실은 언제든지 튜우맆처럼 밝구나"라고 1행만으로 종결하였다면 오히려 이 단시가 더 생명력을 얻었을 것이다. 3행 모두 시간적 이동이 없고, 지나칠 정도로 정적인 이미지라서 시라는 자격을 부여하기에는 뭔가 찜찜한 느낌을 지울 수 없다. 김춘수는 『한국 현대시 형태론』에서 이 시에서 뭔가 부족한 이유를 "기지가 대신하고 있기 때문이다."[2]라고 하였다.

---

1) 김춘수, 『한국현대시형태론』, 해동문화사, 1958, 81-82쪽.

오후 두 시……
머언 바다의 잔디밭에서
바람은 갑자기 잠을 깨어서는
휘바람을 불며 불며
검은 호수의 떼를 몰아 가지고
항구로 돌아옵니다.

— 김기림, 「호수」 전문

　이 단시의 분행은 장면의 전환을 환기시키기 위한 것일 뿐, 이미지와 리듬 단위와는 별 상관이 없는 듯하다. 산문의 글을 장면 단위로 행 구분을 해 놓은 것에 불과하다. 이 단시에서 '호수'와 '항구'라는 공간에 보이지는 않지만, 이동하는 '바람'이라는 자연을 '머언 바다'에서 '검은 호수'로, '검은 호수'에서 '항구'로 이동시켜 놓았다. 이미지의 시간적 흐름을 만들어 놓은 것이다. 이것 때문에 이 시가 겨우 시의 자격을 얻었다.
　김기림의 단시는 응축 미(美)가 없고, 설명적인 산문이다. 실험적인 모습을 갖추고 있어 완성도 면에서는 부족함이 많다. 하지만, 그가 단시의 길을 열어 놓은 것만으로도 그의 업적이 크다 할 것이다.

　백담사 입구에 고은 시인의 시비가 있다. 봉정암이나 대청봉을 오르내린 경험이 있는 사람이라면 산의 경관과 포근함에 감탄하지 않는 사람이 없다. 하산하여 백담사 앞에 이르러 시비에 새겨진 짧은 시 한 편을 읽고 나면 시를 잘 알지 못하는 사람이라도 다시 한번 감탄하게 된다. 물론 시를 사랑하는 사람 역시 이 시의 위대함을 느끼게 된다.

---

2) 위의 책, 83쪽.

내려갈 때
보았네
올라갈 때
못 본
그
꽃

— 고은, 「꽃」 전문

　이 시비 앞에 서면 시인의 철학적 치열성과 시의 가치를 알 수 있다. 독자의 가슴속에 세상을 보는 새로운 눈을 달아 주는 주술 같은 신선한 충격을 받는다.
　15자로 된 단시다. 단문 두 문장을 시인은 6행으로 분행하여 배열하여 놓았다. 좋은 시라고 하면 '오래도록 머리에 남는 시'이고, 위대한 시라 하면 '가슴속에 새겨지는 시'가 아닐까.
　소설가 서해성은 《한겨레 신문》(2010.10.15일자, 29면)에서 "학생들이 이 시를 뭐냐고 물어오면 '발견하지 못한 걸 발견케 하는 치열한 비약'이라고 말하곤 한다."라고 했다. 짧지만, 사람의 눈과 마음을 통해 숨어 있던 세상을 재발견하게 하는 깨달음을 주는 시임이 분명하다.
　이 시를 시간의 순서에 따라 배열한다면 1, 2행이 아래와 같이 5,6행의 자리에 배열될 것이다.

올라갈 때
못 본
그
꽃

내려갈 때
보았네

만일 이렇게 배열을 하였다면 시적 가치가 감소되고 말았을 것이다. 그래서 이 단시를 통해 고은 시인의 천재성을 엿볼 수 있다.
고은 시인은 《한겨레 신문》(2010.10.15일자, 29면) 인터뷰에서 또 단시 하나를 소개했다.

노를 젓다가 노를 놓쳐버렸다. 비로소 큰 세상을 보았다.

고은 시인은 이 시를 "거룻배를 젓다가 노를 놓쳐 버리면 사고무친이여. 문득 둘러봐. 거기 더 큰 세상이 있지. 그거 괜찮아"라며 설명을 덧붙였다.
이처럼 고은 시인은 단시를 많이 발표하였다. 『고은 전집 2, 대륙』(청하, 1988)에 1970년에 발표한 단시집 『여수(旅愁)』, 『고은 전집 5, 서정시집Ⅰ』(청하, 1991)에 1986년 발표한 단시집 『가야 할 사람』이 엮어져 있다.
「꽃」이라는 제목의 고은의 단시가 또 있다.

꽃이여 너 이 세상을 도울 수 있는 힘이여
— 고은, 「꽃」 전문3)

꽃의 힘은 대단하다. 꽃은 향기를 뿜어내어 벌 나비를 불러들이

---

3) 고은, 『고은 전집 5, 서정시집1』, 청하, 1991, 71쪽.

고, 열매를 맺어 대를 잇게 하는 힘을 지녔다. 나아가 사람들에게는 사랑을 이루게 하고, 화난 사람을 웃게 하고, 병난 사람을 일으켜 세우는 놀라운 힘을 지니고 있다. 시인은 이 시에서 꽃이 이 세상을 도울 수 있는 힘을 지니고 있음을 노래하고 있다. 이 시를 읽고 난 후, 꽃을 바라보면 마치 그 꽃이 마법을 부릴 것만 같아 보이는 것은 왜일까.

고은 시인은 시집 『가야 할 사람』(1986) 서문에서 "이 시들은 내 형식의 무애가 만든 것이다. 시가 짧을수록 숨길 수 없다. 실패도 행운도.// 한마디 더. 이 시 55편은 갑자기 쏟아진 것이라고 해야 옳다. 사나흘 동안이었다. 비가 내내 왔다. (1986년 여름)"4)라며 짧은 시의 즉흥성을 인정하고 있다.

『가야 할 사람』의 표제시 「가야 할 사람」을 비롯하여 이 시집에 수록된 고은 시인의 짧은 시를 몇 편 더 감상해 보면, 풍자성도 내포되어 있음을 알 수 있다.

> 가고 있다
> 가고 있다
> 가야 할 사람이 가고 있다
> 섭섭하게
> 여기까지는 참 좋다
>
> — 고은, 「가야 할 사람」 전문

> 공장은 옷감을 만든다
> 그러나 10년 만에 한번은 역사를 만든다

---

4) 위의 책, 15쪽.

총 없이!
　　　　　　　　　　　　　　　— 고은, 「구로동」 전문

　　　결국 자유는 저녁하늘이렷다
　　　　　　　　　　　　　　　— 고은, 「제비」 전문

　　　병든 아우야 내년의 단풍 보고 죽어라
　　　　　　　　　　　　　　　— 고은, 「내장산」 전문

　시대적 비극과 혁명성을 표현한 「구로동」, 자유와 강남의 제비를 대응시킨 「제비」, 지극히 사적인 외침인 「내장산」 등 다양성을 읽을 수 있다. 특히, 시적 치열성에 가치를 둔 단시 한 편을 더 읽어 보려 한다.

　　　아이들 입에 밥 들어가는 것 극락이구나
　　　　　　　　　　　　　　　— 고은, 「아버지」 전문5)

　우리 부모 세대는 못 먹고, 못 입고, 못 배웠어도, 자식만큼은 잘 먹이고, 잘 입히고, 잘 가르치고 싶어 했다. 제대로 먹이지 못해 자식을 친척집으로 보내거나 남의 집에 머슴으로 보내어 입을 하나 덜기도 하였다. 생이별하지 않고 함께 살 수만 있어도 행복했던 시절이 있었다. 그래서 아이들을 굶기지 않는 것만으로도 행복이라 여겨 왔다. 시인은 더 나아가 입에 밥이 들어가는 것만으로도 극락이라 여긴다. 이 시의 아버지는 참으로 책임감이 강하다. 힘이 들더라

---

5)　위의 책, 22쪽.

도 생이별을 하지 않고 함께 살면서 밥벌이를 해 오고, 스스로 극락이라 여기고 있어 더욱 행복해 보인다.

서정춘의 「30년 전」이라는 단시에서의 아버지는 배고픈 자식과 함께 살지 못하고 자식을 멀리 떠나 보낸다.

어리고, 배고픈 자식이 고향을 떴다.

— 아가, 애비 말 잊지 마라
가서 배불리 먹고 사는 곳
그곳이 고향이란다
　　　　　　　— 서정춘, 「30년 전 —1959년 겨울」 전문

이 시는 제목에서 알 수 있듯이 회상시다. 인간은 고향에 대한 회귀 본능이 있다. 특히, 한국인에게는 고향이 어버이고, 어버이가 고향이기도 하다. 시인은 이 두 고향을 이 단시에 등장시켜 놓고, 어린 시절의 배고픔에 대한 아픔과 너무 어릴 때 이별한 고향과 부모에 대한 그리움을 담아 놓았다. '1959년 겨울'이라는 부제에서 알 수 있듯이 이 시절에는 보릿고개라는 말이 있었다. 겨울에 먹을 것이 없어 산에서 칡을 캐다 씹어 먹고, 소나무 껍질을 벗겨 씹어 허기를 달래던 시절이다. 땅속에 저장해 놓은 고구마, 감자, 무 등으로 연명할 수만 있다면 그래도 행복한 축에 들어갔다. 보리가 맺히면 그것을 따다 죽을 끓여먹었다. 보리가 맺히면 죽을 고비를 넘기게 된다는 말이다. 그만큼 겨울나기가 어려웠다. 여기서 시인은 30년 후 현재 아버지의 말을 잊지 않고 있으나, 긍정도 부정도하지 않는다. 독자의 몫으로 남겨 놓았다. 인간 본능에 대한 고향의 의미를 더는 설명할 필요가 없었기 때문이라 여겨진다.

> 여러 새가 울었단다
> 여러 산을 넘었단다
> 저승까지 갔다가 돌아왔단다
> — 서정춘, 「단풍놀이」 전문

 단풍놀이는 가을빛이 완연한 단풍 절정기에 산행하면서 즐기는 것이 제격이다. 아마도 시인은 울긋불긋 화려한 단풍이 물든 오솔길을 걸으며 죽을 고비를 몇 번을 넘긴 고달프고 어두침침했던 과거를 회상하는 듯하다. '새의 울음'에 자신의 고달픔에 대한 울음을 '산 넘이'에 자신의 과거 삶의 고비를 환치시켜 놓고 단풍처럼 황혼에 물든 자신을 회상한다.

 '국민 시'라고 말할 수 있는 단시가 있다. 안도현의 「너에게 묻는다」라는 시는 글을 아는 사람이라면 알고 있을 정도로 국민들로부터 사랑받는 시이다. 여러 사람의 책과 교과서에 실려 널리 알려졌음은 물론 짧으면서도 가슴에 새겨지는 시이기 때문이다.

> 연탄재를 함부로 발로 차지 마라
> 너는
> 누구에게 한 번이라도 따뜻한 사람이었느냐
> — 안도현, 「너에게 묻는다」 전문

 시를 가슴에 새긴다는 것은 형이상적 사상이나 철학이 있기 때문이다. 따뜻한 마음 참 바람직한 삶이다. 이 짧은 시가 사람들의 가슴을 따뜻하게 만드는데 기여하기도 했다. 기부와 봉사 활동을 하는 사람들, 한 번이라도 따뜻한 사람이 되려는 사람들에게는 강령과 같은 시이기도 하다. 우리의 기부 문화와 봉사 활동의 근저에는 이 시가 자리하고 있음을 누가 부인하리오.

안도현의 시집 『그리운 여우』(창비, 1997)에 수록된 단시 2편을 더 읽어 본다.

> 삼겹살에 소주한잔 없다면
> 어, 이것마저 없다면
>
> — 안도현, 「퇴근길」 전문

> 밤에, 전라선을 타보지 않은 者하고는
> 인생을 논하지 말라
>
> — 안도현, 「인생」 전문

「퇴근길」은 대한민국 직장인이라면 누구나 공감하는 정서를 간직한 시이다. 직장인에게는 퇴근길 소주 한잔이 세상 사는 낙이요, 활력소이다. 소주 한잔 기울이면서 여우와 토끼 자랑 풀어놓고, 상사를 안주 삼아 스트레스를 풀고, 군대 생활을 뻥튀기하고, 심지어 나라 걱정과 세계의 평화를 논하기도 하는 그런 술자리는 평범한 사람의 일상적 정서이다.

반면에 「인생」은 난해하다. '사적 상징' 때문이다. 지극히 주관적인 외침이라서 도무지 무엇 때문에 "밤에, 전라선을 타보지 않은 者하고는/ 인생을 논하지 말라"는 걸까? 전라선 야간열차를 수많은 사람이 타고 다니고 타 본 경험이 있기 때문에 '인생'과 결부하여 이해하기란 여간 쉬운 일이 아니다. 물론 정치적 대립에 의한 지역감정과 시대적 암울함이 녹아 있는 것은 짐작으로만 알 수 있는 것이다. 가령 "귀신을 보지 않은 자하고 인생을 논하지 말라."라고 한다면 종교적이든 일상적이든 귀신이라는 객관적 대상이 명확하고, 고단위 영적 수준을 지니지 않은 사람은 귀신을 볼 수 없을 뿐만 아니라, 귀신을 본 경험이 있는 사람은 매우 드물기 때문에 수긍이 가는 문구이다. 그러나 시 「인생」은 시인의 부연 설명 없이는 이해할 수 없다. 그렇다고 시인이 부연 설명을 할 필요는 없다. 백 명이면 백 가지, 만 명이면 만 가지의 해석이 가능한 것이 시이기 때문이다.

백석은 「山비」, 「노루」 등 3행의 짧은 시를 몇 편 남겼다.

山뽕잎에 빗방울이 친다
멧비둘기가 난다
나무등걸에서 자벌레가 고개를 들었다 멧비둘기켠을 본다.
― 백석, 「山비」 전문[6]

「山비」는 산뽕잎에 소나기 빗방울이 내리치는 소리에 모이를 쪼고 있던 멧비둘기가 놀라 기겁을 하고 후다닥 어디론가 날아간다. 그때 고개를 들고 멧비둘기가 날아가는 모습을 바라본다. 자벌레가 죽음에서 벗어난 뒤 안도의 몸짓을 하는 듯하다. 이 시에서 약육강식이라는 관념이 담겨 있다. 풍경을 담은 이미지 시를 한 편 더 소개한다.

---

[6] 신경림, 『신경림의 시인의 찾아서』, 우리교육, 1998, 261쪽.

> 山골에서는 집터를 츠고 달궤를 닦고
> 보름달 아래서 노루고기를 먹었다
>
> — 백석, 「노루」 전문

 이 시는 '먹었다'라는 동사가 과거형이다. 옛 산골에서의 생활 중 '집터를 치고' '달궤를 닦고', '노루고기 먹은 것'을 회상하는 아주 단편적인 이야기이다. 공간은 산골, 시간은 보름달이 뜬 밤이다.
 신경림은 『신경림의 시인을 찾아서』(우리교육, 1998)에서 이 시의 분위기를 "웬만한 독자면 다 이 시에서 '어허야 달구' 하는 달구질 소리, 노루고기와 술에 취한 장정들이 시끌벅적 떠드는 소리, 아낙네들의 수다까지 들을 수 있을 것이다."7)라고 했다. 이 분위기는 현대의 도시 젊은이들이 알 수 없을 것이라 짐작이 된다. 옛 산골 마을의 풍속도이다.

 동시에도 단시가 많다. 동심이 가득 담긴 동시를 읽어 본다.

> 자주꽃 핀 건 자주 감자
> 파 보나 마나 자주 감자
>
> 하얀 꽃 핀 건 하얀 감자
> 파 보나 마나 하얀 감자
>
> — 권태응, 「감자꽃」 전문

 이 4행의 짧은 시에서 동심을 느낄 수 있다. 보이는 것(꽃)과 보이

---

7) 위의 책, 261쪽.

지 않는 것(감자)에 대한 대립, 자주 감자와 하얀 감자와의 대립을 통해 사물의 관찰과 발견을 노래한 것이다. 물론 우리 민족의 동질성과 일본인과의 대립에 대한 은유적 표현이기도 하다.

> 빠끔빠끔
> 문구멍이
> 높아간다.
>
> 아가 키가
> 큰다.
>
> ― 신현득, 「문구멍」 전문

이 5행의 짧은 동시는 아동문학가 신현득의 《조선일보》 신춘문예(1959) 가작 입선 작품이다. 응모를 할 때 '상주국민학교 신현득'이라고 썼기 때문에 심사위원들이 학생이 쓴 시일 수도 있겠다 싶어 당선작이 아닌 가작으로 뽑았다는 뒷이야기가 있다. 교사라 밝히지 않았더라도 성인이 쓴 동시임을 알았다면 가작이라는 꼬리표는 뗄 수 있었다는 것이다.

이 동시를 읽으면 귀여운 아기가 무럭무럭 커 가는 모습이 그려진다. 예전에는 방문을 창호지라는 종이로 발랐다. 궁금증이 많은 아이는 바깥 일이 궁금하면 손가락에 침을 묻혀 창호지에 구멍을 내고, 그 문구멍을 통해 바깥을 보았다. 특히 추운 겨울에는 문조차 열기 싫어 그 구멍을 통해 눈이 오는지, 엄마가 무엇을 하는지 몰래 보았다. 그런데 그 문구멍 높이가 차츰차츰 올라간다. 그 아기의 키가 훌쩍훌쩍 커 가고 있기 때문이다.

이 짧은 동시 하나에 아이에 대한 사랑과 우리 삶의 정경이 몽땅 담겨 있다. 하지만, 우리 일상에서 창호지를 바른 문이 사라지면서 어린이들이 이 동시를 읽고 이해하기는 매우 어려워진 게 사실이다.

  가갸 거겨
  고교 구규
  그기 가.

  라랴 러려
  로료 루류
  르리 라.

— 한하운, 「개구리」 전문8)

"이게 무슨 시야!"라고 말할 수도 있겠으나, 한센병을 앓았던 그 유명한 한하운 시인의 시이다. 그것도 고운 시인을 시인으로 이끌어 준 시집9) 『한하운 시초』에 수록된 시이다. 무더운 여름밤 개구리가 우는 소리가 시인의 귀에는 마치 글 읽는 소리처럼 들렸던 모양이다. 어린아이들이 한글을 배울 때 쉬지도 않고 중얼거리듯 시인의

---

8) 한하운, 『한하운 시초』, 정음사, 1953(재판), 37쪽.
9) 1948년인가 미술부 활동을 마치고 캄캄한 십 리 길을 걸어 집으로 오는데 무언가 빛이 어려 있는 거야. 길가에 책이 있어. 날 위해서 책이 기다리고 있었어. 장물 취득도 아니고, 그냥 내 거야.(웃음) 그게 〈한하운 시초〉야. 새 책인데 오렌지 빛 표지도 기억나. '하룻밤 자면 눈썹이 빠지고, 또 하룻밤 자면 발가락이 떨어져 나가고'. 크하, 정말로 비극적인! 새벽까지 그걸 읽고 결심을 했어. 첫째, 문둥병에 걸릴 것!(웃음) 눈썹도 빠지고 발가락 하나씩 떨어져 나갈 것. 둘째, 집에 안 있고 떠돌 것! 나도 이런 시를 써야겠다고 다짐 한 거지. 《한겨레 신문》(2010.10.15일자, 29면) 인터뷰에서

눈에는 개구리가 마치 한글을 읽듯 "가갸 거겨 고교…… 나냐 너녀 노뇨…… 다냐 너녀 도뇨…… 랴랴 로료……"라며 밤을 새워 글을 읽고 있다. 참으로 재미있는 발상이다.

　　가-가
　　그-
　　가 가가
　　그
　　가꼬
　　갔다 카대.

　　서로
　　통하네.
　　　　　　　　　　　　　　　　— 신기용, 「의사소통」 전문

한하운의 「개구리」처럼 "이것도 시야!"라고 말할 수도 있겠으나, 아이러니 기법만으로 시의 자격을 얻었다고 말할 수 있다. 경상도 사람들이 일상에서 흔히 사용하는 말이기 때문이다. 그러나 이 문화에 접하지 않은 사람들은 1연에서 "갔다 카대"를 제외하고는 무슨 말인지 도무지 알 수가 없다. 이것을 표준어로 풀어 보면 "그 애가/ 그곳에/ 가지고 가서/ 그것을/ 가지고/ 갔다 하더라."이다. 그냥 일상적으로 하는 말인데 경상도 방언을 잘 모르는 사람에게는 생소하게 들릴 것이다. 표준어로 표현을 했다면 시가 될 수 없다.
　　경상도 방언은 표준어와는 달리 악센트 어(語)다. 표준어는 장단과 억양에 의해 뜻이 달라지지만, 경상도 방언은 장단과 강약의 악센트에 의해 뜻이 달라진다. 이것을 나열한 후 "서로/ 통하네."라며 에 이런 기법으로 시화한 것이다.

　단시를 읽고 나면 뒤통수를 한방 얻어맞는 느낌이 드는 시가 있는 반면에 아무런 감응이 없는 시도 있다. 뒤통수를 한방 얻어맞는 느낌의 단시를 읽고 나면 우리는 흔히 '촌철살인'이라고 넉 자로 표현한다. '촌철살인'이란 사전적 의미로 '한 치의 쇠붙이로도 살인한다는 뜻으로, 간단한 경구(警句)로도 남을 감동시키거나 남의 약점을 찌를 수 있다는 비유의 말'이다. 이처럼 단시는 짧지만 굵은 의미와 강한 이미지가 응축되어 있기 때문에 그 시에서 뿜어내는 메시지가 예리하다.
　시가 짧다 하여 모두 촌철살인은 아니다. 고은의 「내장산」과 안도현의 「인생」은 지극히 사적인 외침이면서 주관적인 시점의 표현이고, 한하운의 「개구리」는 평면적인 언어의 유희 등 즉흥성에 그치고 마는 시도 있다. 이러한 시의 수준은 하위라 할 수 있을지언정 그렇다고 시가 아닌 것은 아니다. 시란 주관적 시점의 표현과 언어의 유희에도 목적성을 가지고 있기 때문이다.

창조적 상상력과 시 창작의 지평
-시 창작 입문서

정가 20,000원

지은이   신기용
펴낸이   신기용
표 지
편 집   StoryFarmbook 송영미

2020년 12월 10일 초판 1쇄 발행

펴낸곳   도서출판 이바구
주 소   부산광역시 부산진구 서전로47번길 27, B자동 301호
전 화   010-6844-7957
등 록   제2020-000006호

이 도서의 국립중앙도서관 출판예정도서목록(CIP)은 서지정보유통지원시스템 홈페이지(http://seoji.nl.go.kr)와 국가자료종합목록 구축시스템(http://kolis-net.nl.go.kr)에서 이용하실 수 있습니다.
(CIP제어번호 : CIP2020051282)

ISBN 979-11-971305-5-7